ORIGAMI

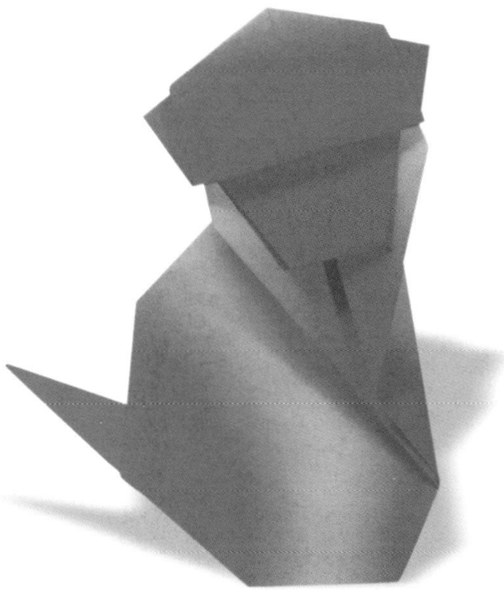

Junko Hirota

FLEURUS VERLAG

Titel der französischen Ausgabe:
Initiation à l'origami
Fotografien: Bertrand Mussotte
Diagramme: Junko Hirota

Übersetzung aus dem Französischen:
Ursula Fethke, Köln
Satz der deutschen Ausgabe:
Asuman Baltacioglu, Duisburg
Umschlaggestaltung:
mwk, Köln

ISBN-13: 978-3-89717-409-2
ISBN-10: 3-89717-409-X
Printed in China

10 9 8 7 6 5 4 3 2 1

Inhalt

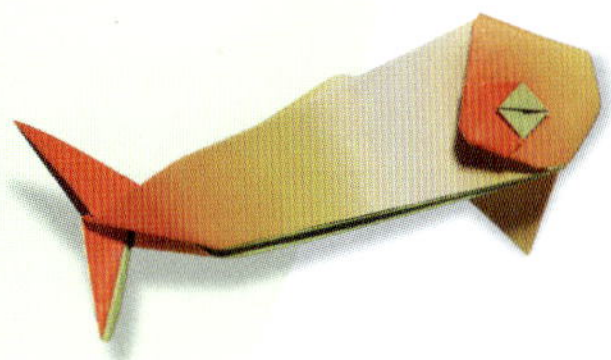

* einfach ** etwas schwieriger *** schwierig

Einleitung

Die Kunst des Papierfaltens entstand vor langer Zeit in China. Sie wurde in Japan weiterentwickelt und trägt dort den Namen Origami, der sich zusammensetzt aus ori (falten) und kami (Papier). Heute begeistern sich rund um den Globus Kinder und Erwachsene für diese vielseitige kreative Kunst – manche fangen Feuer und probieren immer neue Modelle aus.

Mach dich zunächst mit der „Origami-Sprache“ vertraut: Wenn du die für bestimmte Faltungen verwendeten Begriffe kennst, gelingt dir das Falten leichter und genauer. Am besten übst du erst die Grundformen und -faltungen. Schnell entdeckst du, was sich alles mit ihnen anstellen lässt.

Das Papier sollte fein und doch widerstandsfähig sein und sich gut falten lassen, ohne zu reißen. Für die meisten hier vorgestellten Modelle verwendet man quadratisches Papier von etwa 15 x 15 cm. Mit dem beigelegten Papier in diesem Set kannst du bereits viele schöne Modelle falten. Möchtest du andere Farben und Muster ausprobieren, so bieten Schreibwaren- oder Bastelläden bereits zugeschnittenes Origamipapier – einfarbig, gemustert und zweiseitig farbig.

Hast du eine ganz ebene Arbeitsfläche? Dann kann es schon losgehen. Halte die Reihenfolge der Schritte genau ein, übersieh keinen und konzentriere dich gut. Manchmal braucht es mehrere Anläufe für eine Faltung. Das ist normal – nicht alles kann auf Anhieb klappen! Falte das Papier sehr genau, denn wenn sich ein Falz zu Beginn um nur wenige Millimeter verschiebt, sieht dein Modell zum Schluss vielleicht ganz anders aus als im Buch. Die Falze streichst du mit dem Fingernagel sauber aus, dann gelingen die folgenden Schritte umso leichter. Je genauer du faltest, desto schöner wird dein Modell.

Und vor allem: Verlier nicht die Geduld und nimm dir Zeit! Bei Schwierigkeiten öffnest du die Faltungen wieder, gehst zurück und versuchst herauszufinden, wo du falsch gefaltet hast. Mit etwas Erfahrung faltest du nachher mit geschlossenen Augen.

Ein letzter Tipp: Die einfachen Modelle eignen sich am besten für das Einprägen der Grundtechniken. Die Schwierigkeitsstufe findest du im Inhaltsverzeichnis.

Origami-Symbole

Die **Talfalte** wird nach vorn gefaltet. Du erkennst sie an einer gestrichelten Linie und einem Pfeil mit schwarzer Spitze.

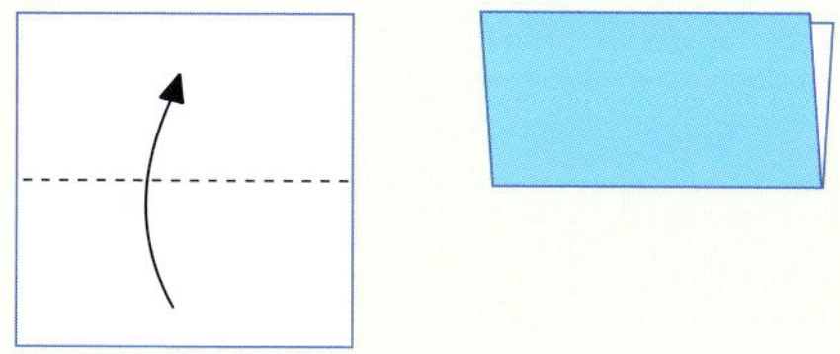

Die **Bergfalte** wird nach hinten gefaltet. Sie hat eine Strich-Punkt-Linie und einen Pfeil mit heller Spitze.

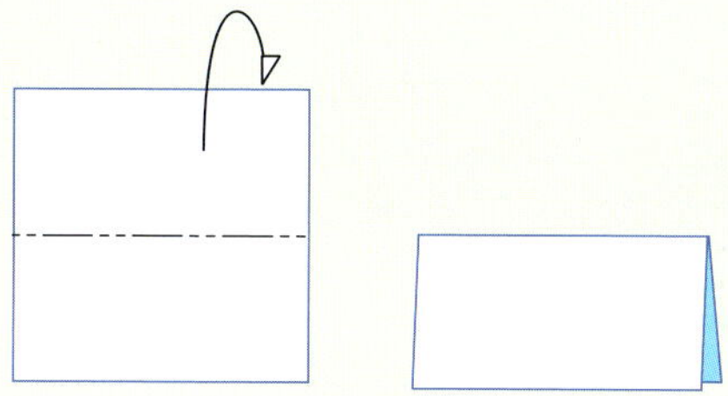

Der **Knickpfeil** bedeutet, dass man faltet und dann wieder öffnet, damit ein Knick entsteht.

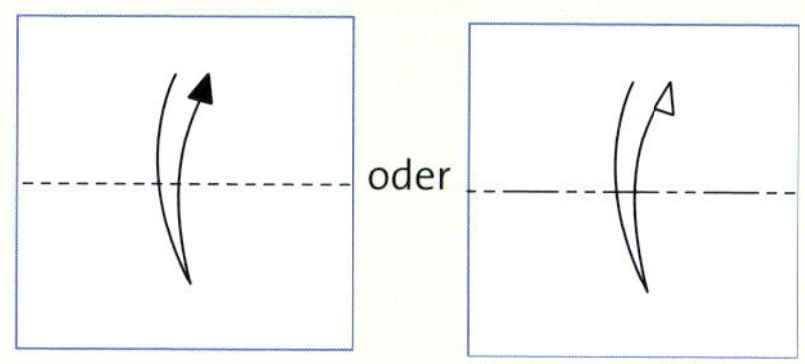

Beim **Aufklapp-Pfeil** öffnest du die gesamte Form oder einen Teil der Form wieder. Die feine durchgezogene Linie zeigt den entstandenen Falz an.

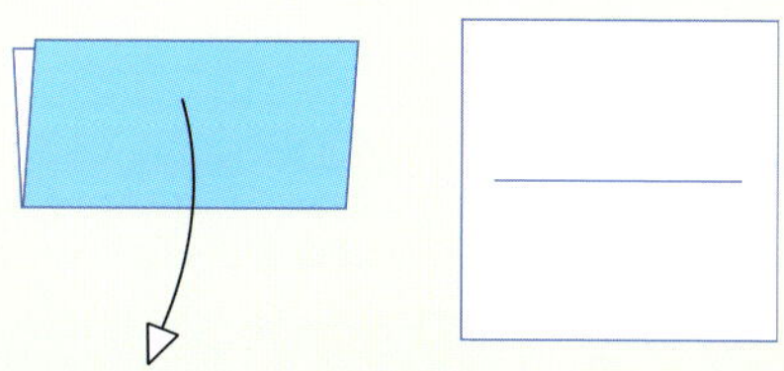

Wenn du den **Wendepfeil** siehst, wendest du die Form von vorn nach hinten.

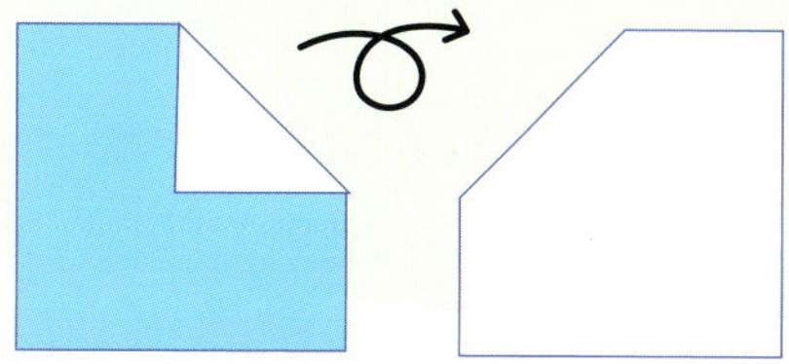

Beim **Öffnungspfeil** öffnest du einen Teil der Form, indem du zwei Papierlagen auseinander schiebst.

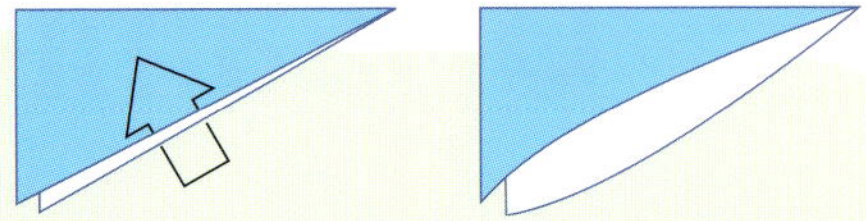

Der **Stülppfeil** bedeutet, dass du das Papier nach innen stülpst. Es entsteht eine Gegenbruchfalte nach innen.

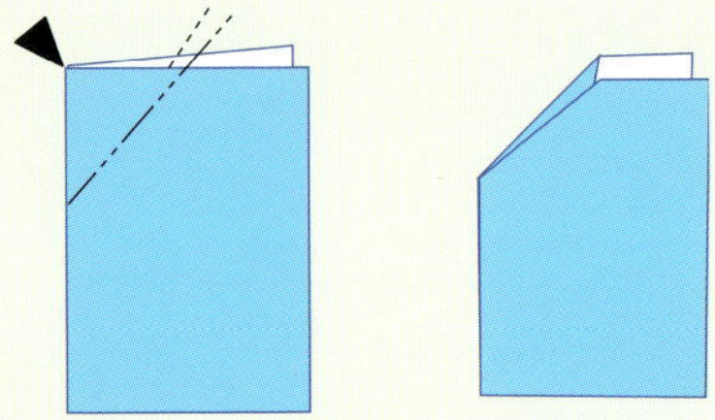

Beim **Zugpfeil** ziehst du einen Teil der Form in eine andere Richtung.

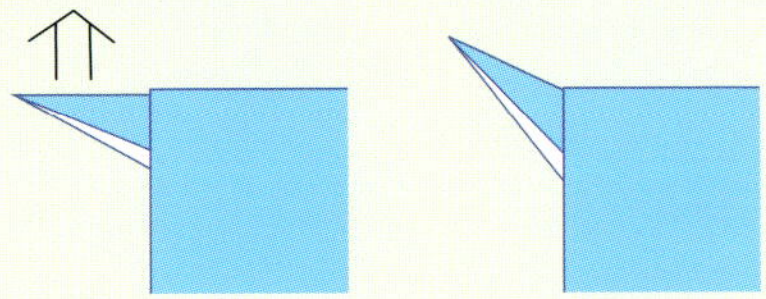

Auf den **Vergrößerungspfeil** folgt eine Abbildung in vergrößertem Maßstab. Meist handelt es sich um einen vergrößerten Ausschnitt.

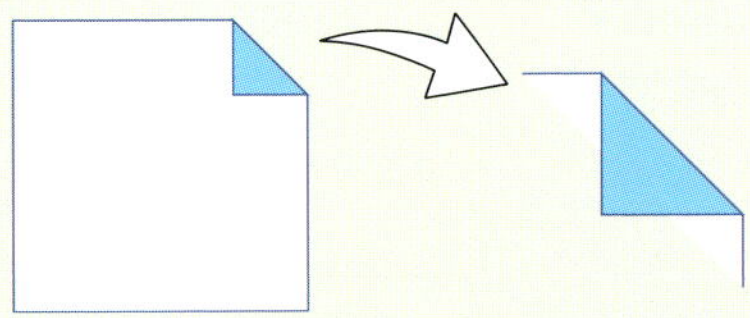

Beim **Pustepfeil** pustest du in die Form und bläst sie auf.

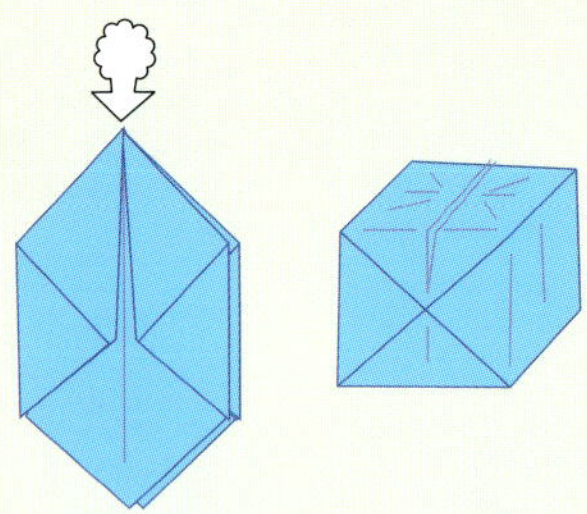

Die **Schere** besagt, dass du die Form mit der Schere einschneidest oder einen Teil abschneidest.

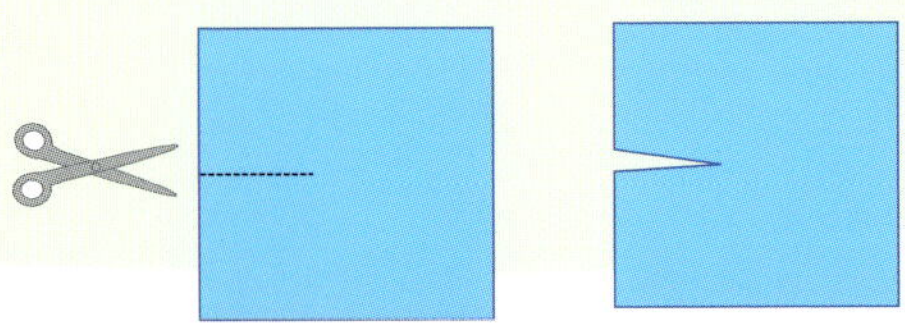

Der **Doppelpfeil** bedeutet, dass du erst eine Talfalte und dann eine Bergfalte faltest.

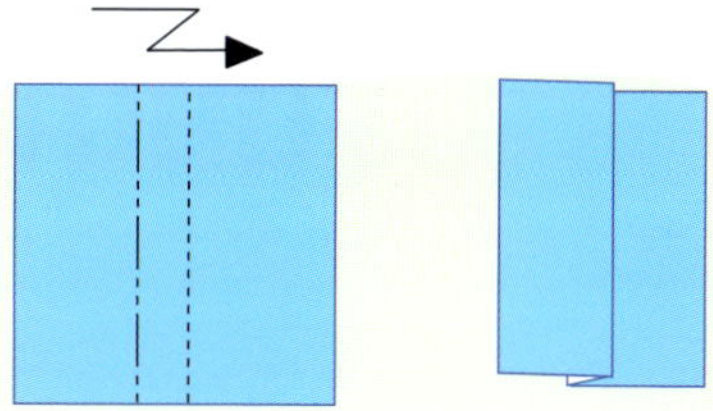

Beim **Ziehharmonikapfeil** führst du nacheinander mehrere Talfalten oder Bergfalten aus.

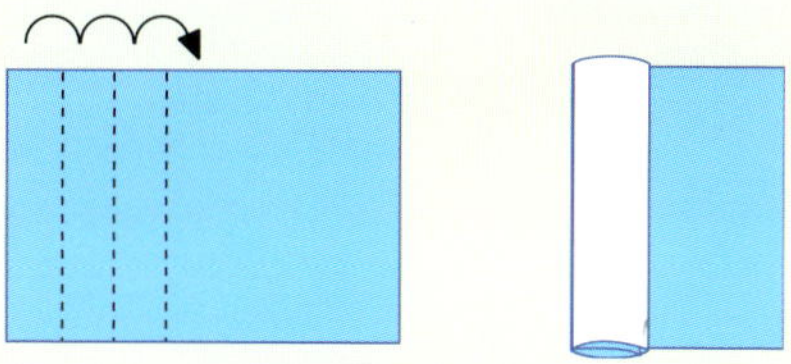

Gleicher Abstand: Wenn mehrere Falze den gleichen Abstand voneinander haben sollen, wird dies wie abgebildet dargestellt.

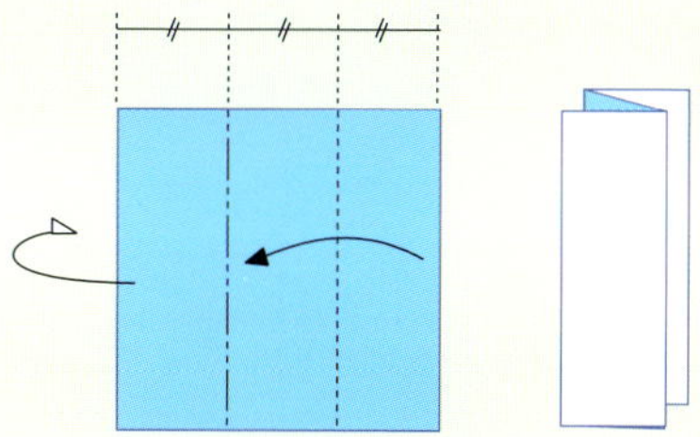

Gleicher Winkel: Wenn die Winkel mehrerer Falze alle gleich sein sollen, siehst du dieses Symbol.

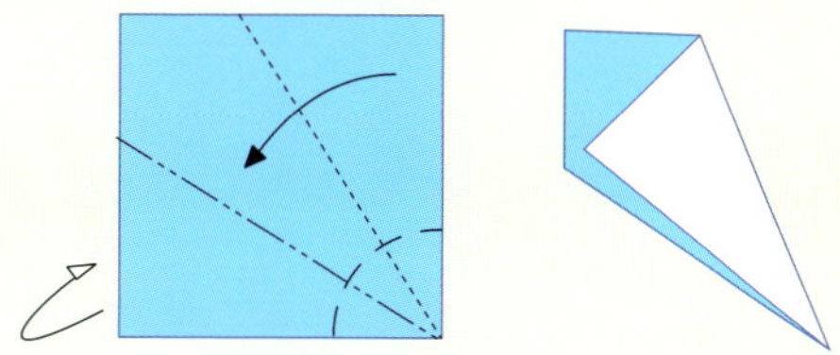

Rechter Winkel: Dieses Symbol wird für zwei Faltungen verwendet:

– wenn du einen Falz im rechten Winkel zum Papierrand ausführst.

– wenn du im rechten Winkel nach oben faltest (zum Beispiel um einen Sockel herzustellen).

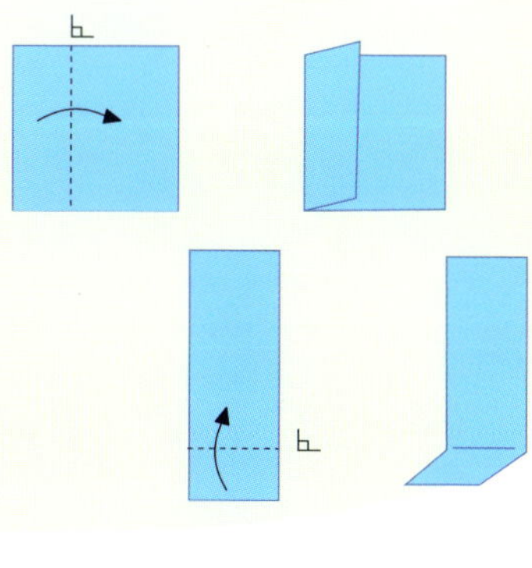

Grundfaltungen

Gegenbruchfalte nach innen: Mit ihr faltest du eine Spitze in eine andere Richtung.

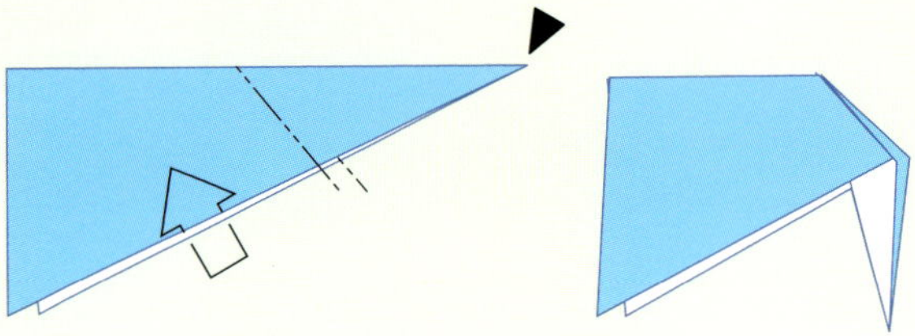

Gegenbruchfalte nach außen: Dasselbe wie oben, nur in die entgegengesetzte Richtung.

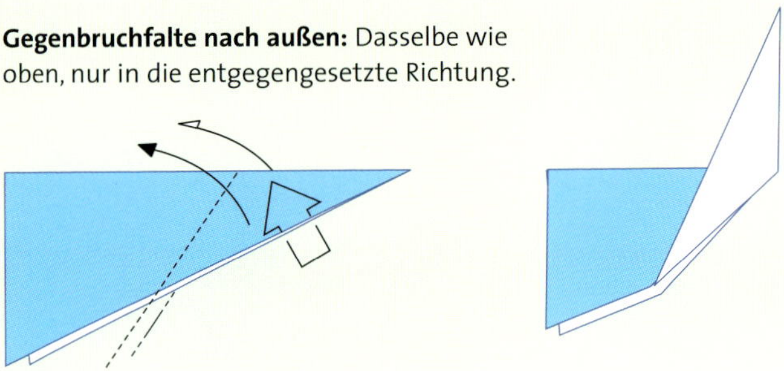

Hasenohrfaltung: Du erhältst einen Flügel, der sich in zwei Richtungen klappen lässt.

Grundformen

Die Wasserbombe

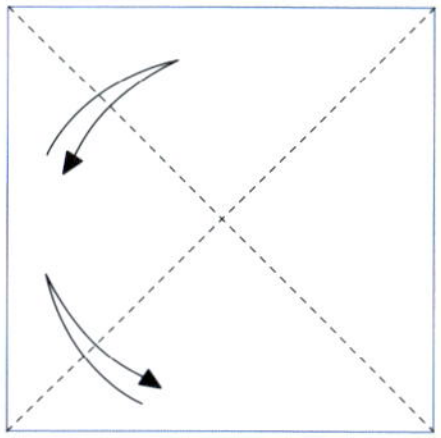

1 Du führst zwei Talfalten aus und öffnest wieder.

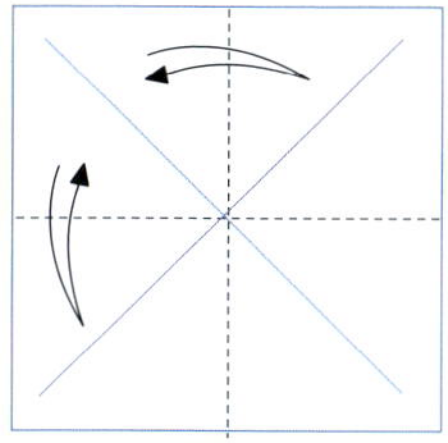

2 Falte zwei Talfalten und öffne wieder.

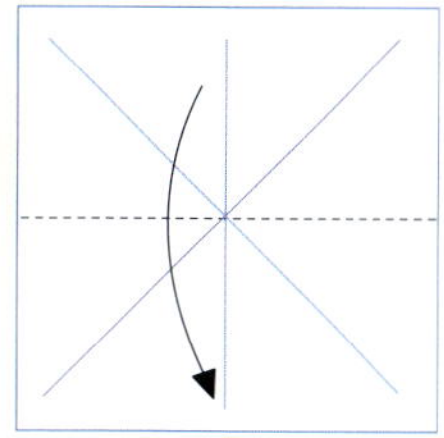

3 Nun führst du eine Talfalte aus ...

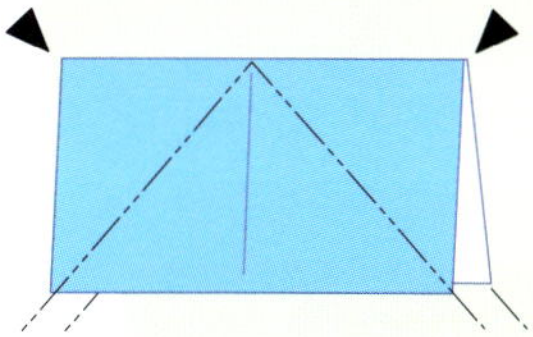

4 ... und stülpst die Ecken mit Gegenbruchfalten nach innen.

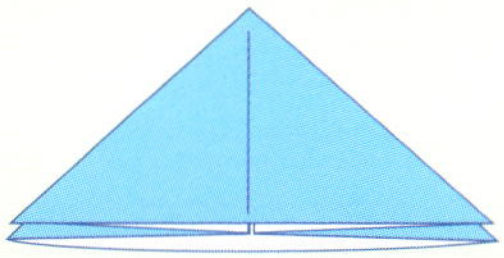

5 So sieht das fertige Fliegerdreieck aus.

Die Grundform

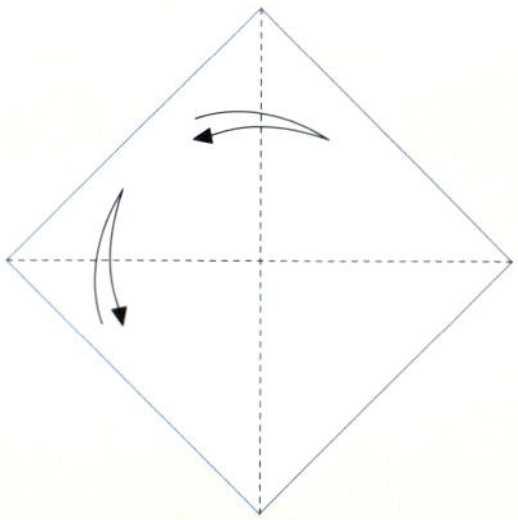

1 Du führst zwei Talfalten aus und öffnest wieder.

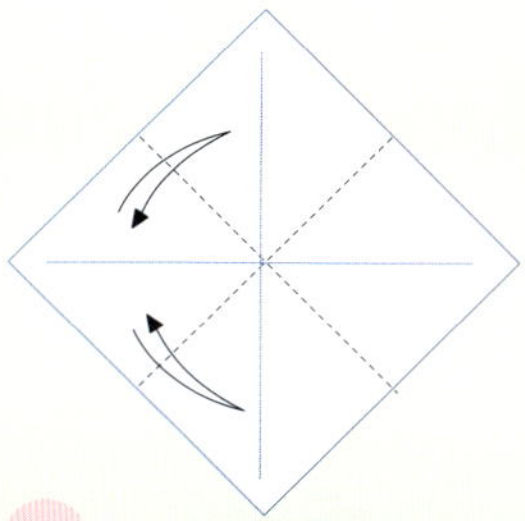

2 Falte zwei Talfalten und öffne wieder.

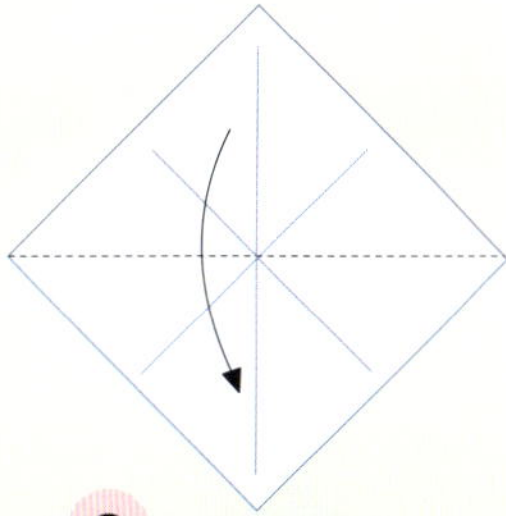

3 Eine Talfalte falten.

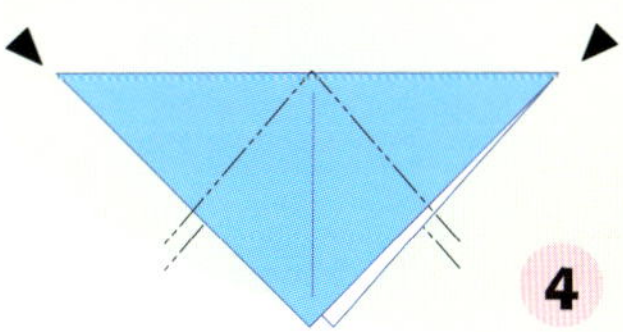

4 Stülpe die Spitzen nach innen.

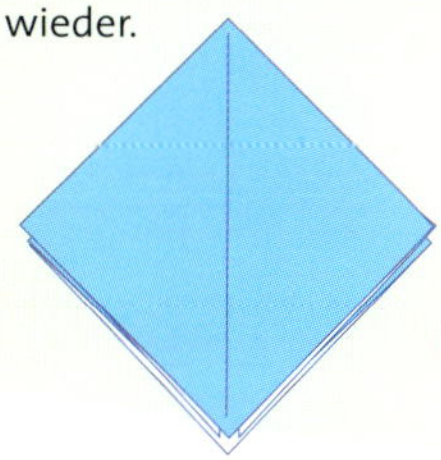

5 Das ist die Grundform.

Käfer

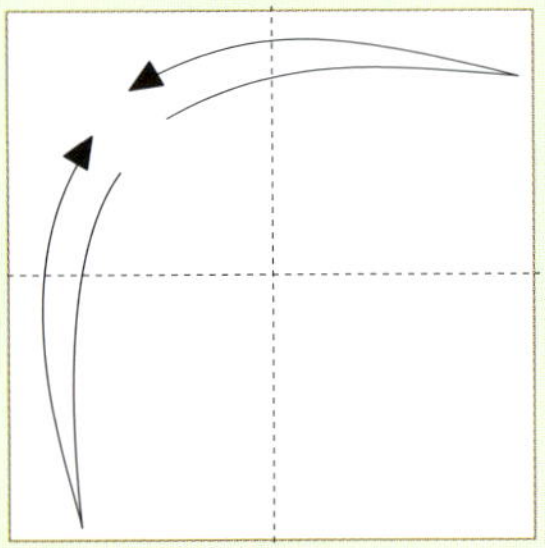

1 Du beginnst mit zwei Talfalten und öffnest wieder.

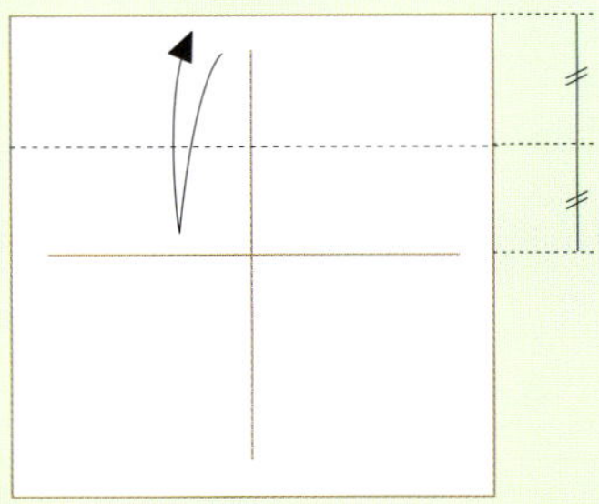

2 Falte eine Talfalte und öffne wieder.

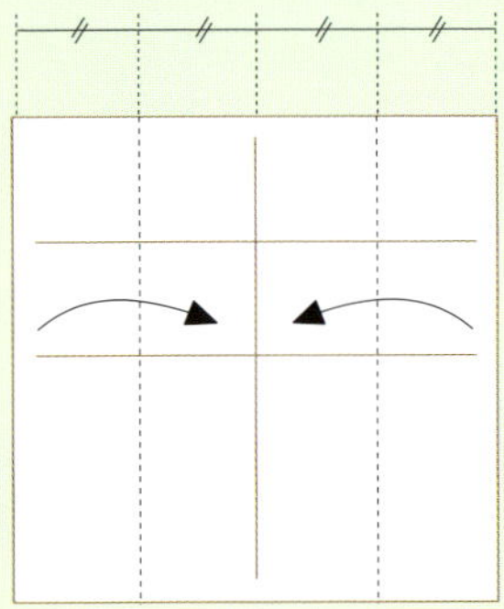

3 Falte beide Ränder mit Talfalten an die Mittellinie.

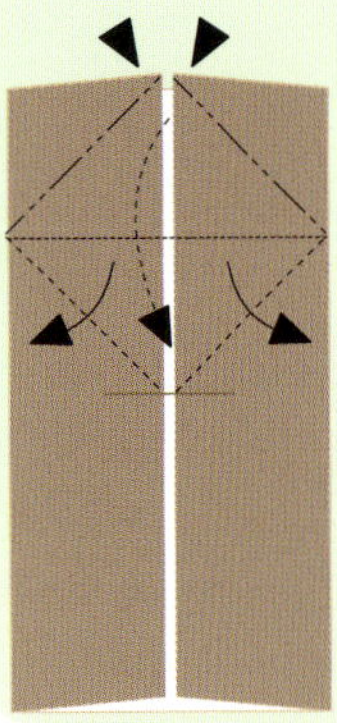

4 Drücke auf die Ecken und falte sie gleichzeitig nach rechts und nach links.

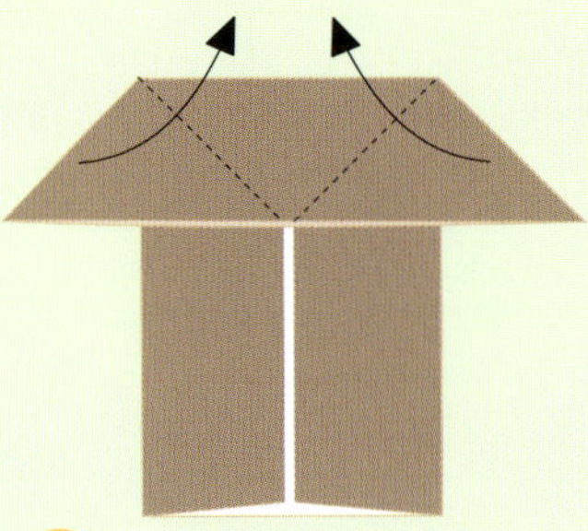

5 Du führst Talfalten aus.

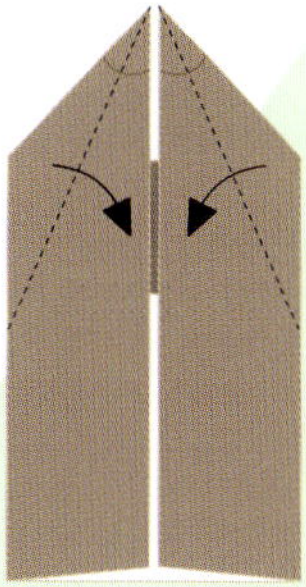

6 Talfalten.

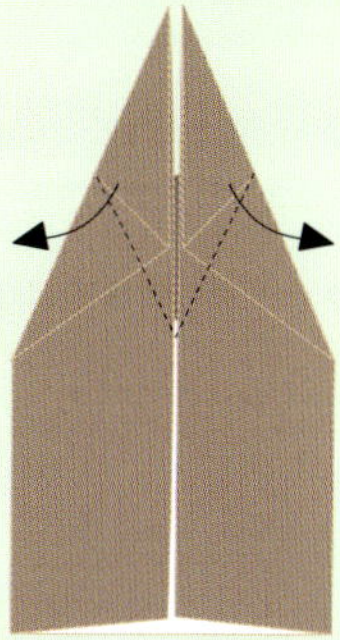

7 Weitere Talfalten.

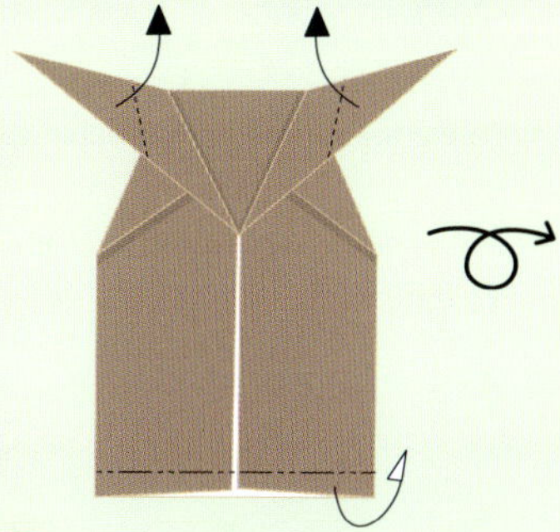

8 Oben: zwei Talfalten.
Unten: eine Bergfalte.
Du wendest die Form.

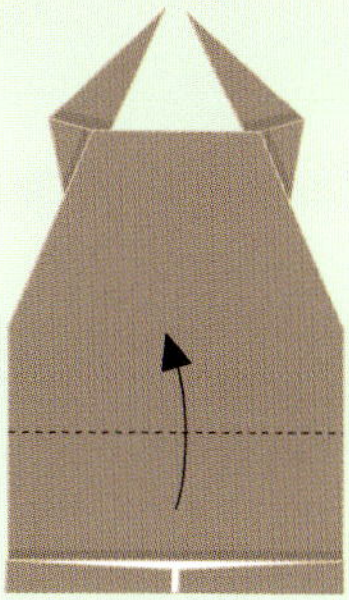

9 Falte eine Talfalte nach oben.

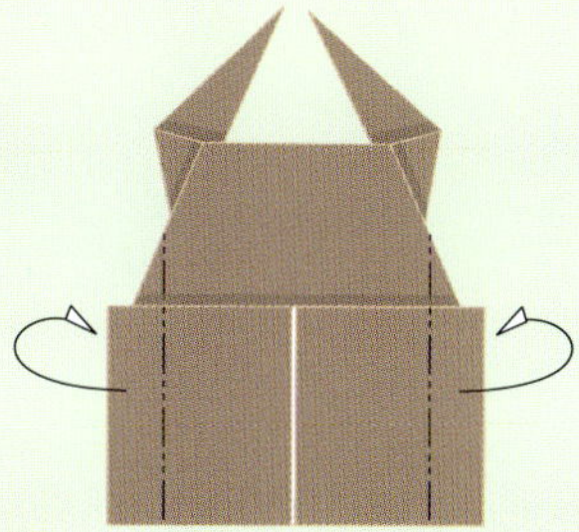

10 Bergfalten.

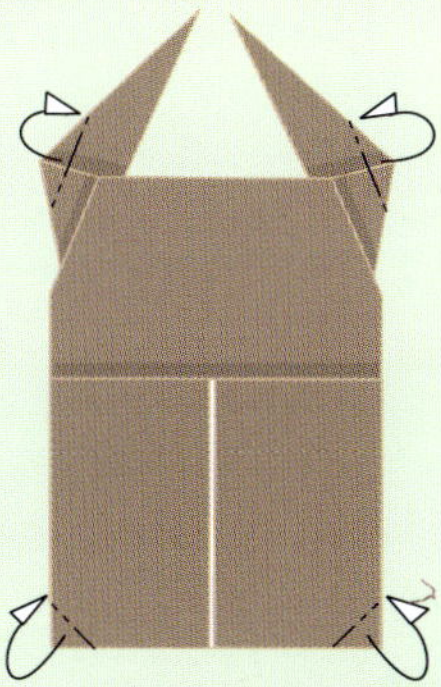

11 In allen vier Ecken führst du Bergfalten aus.

12 Und schon krabbelt dein Käfer los.

Häschen

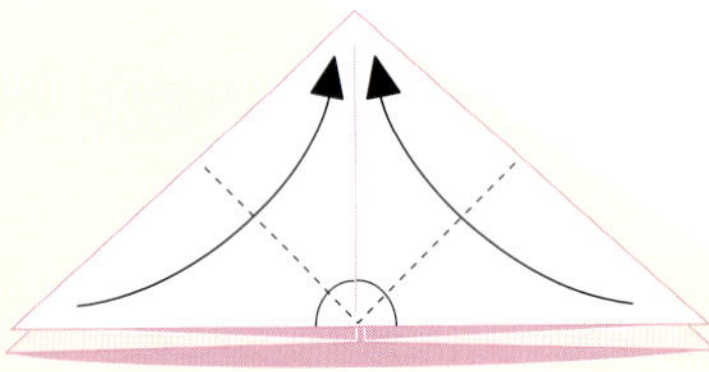

1 Los geht es mit dem Fliegerdreieck (siehe Seite 9). Dann faltest du die Spitzen mit Talfalten nach oben.

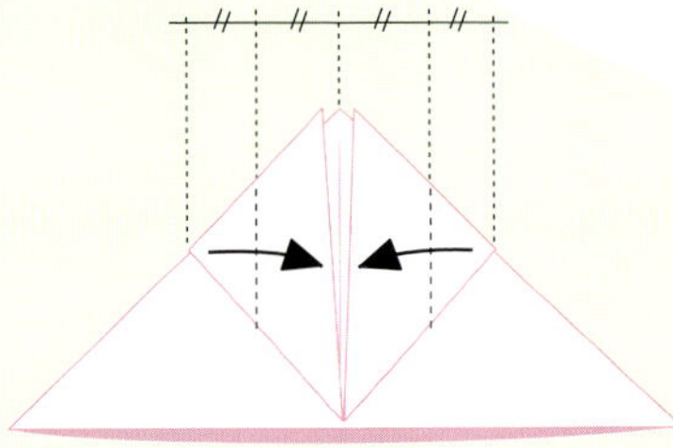

2 Die beiden kleinen Spitzen mit Talfalten an die Mittellinie falten.

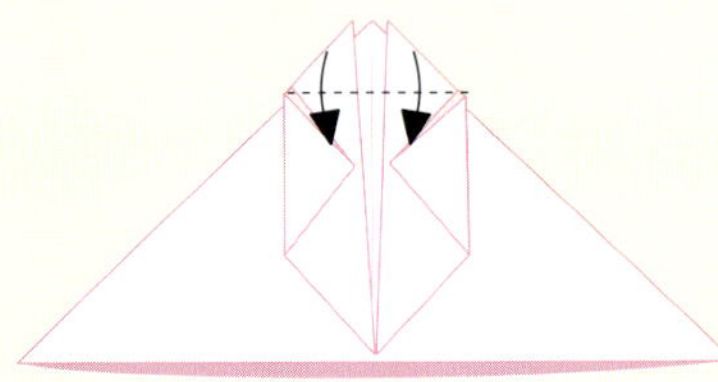

3 Falte die beiden kleinen Spitzen mit Talfalten nach unten.

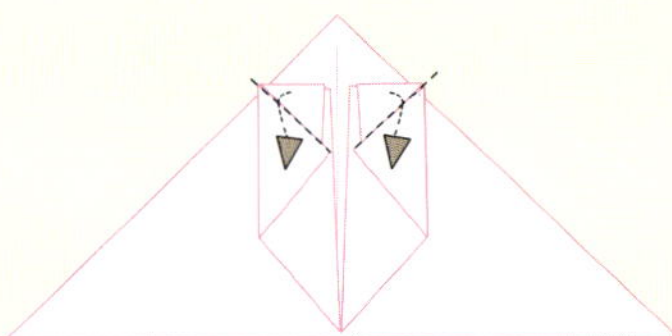

4 Die Spitzen steckst du in die Taschen hinein.

5 Du wendest die Form.

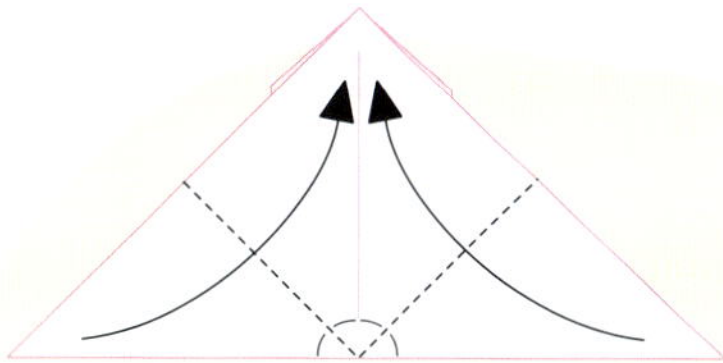

6 Falte die Spitzen mit Talfalten nach oben.

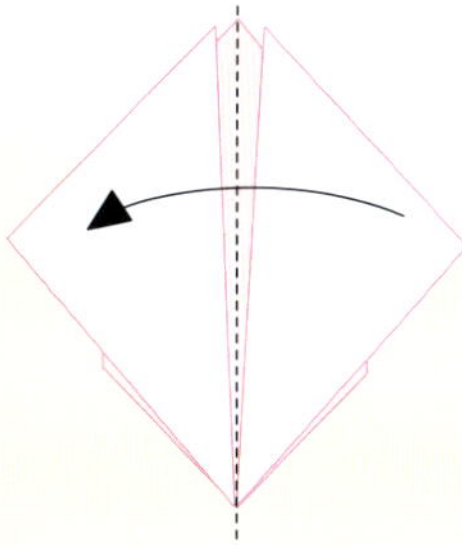

7 Die erste Lage des Flügels faltest du mit einer Talfalte nach links.

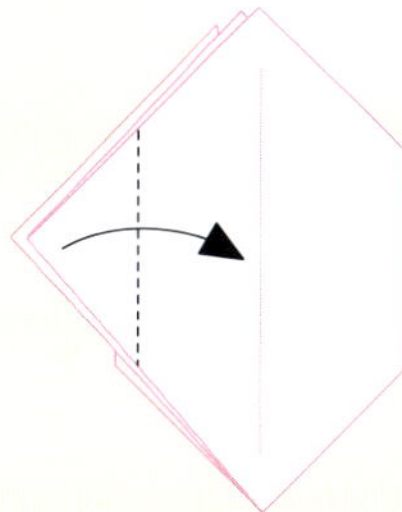

8 Talfalte.

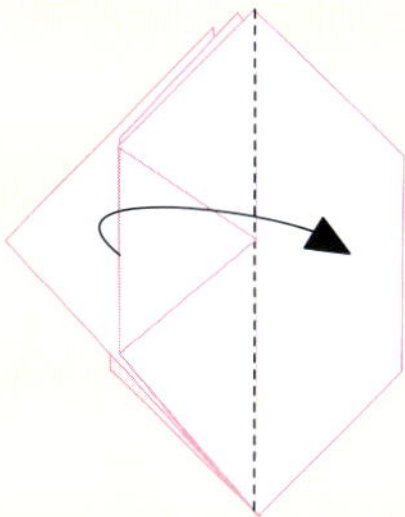

9 Du klappst den Flügel nach rechts.

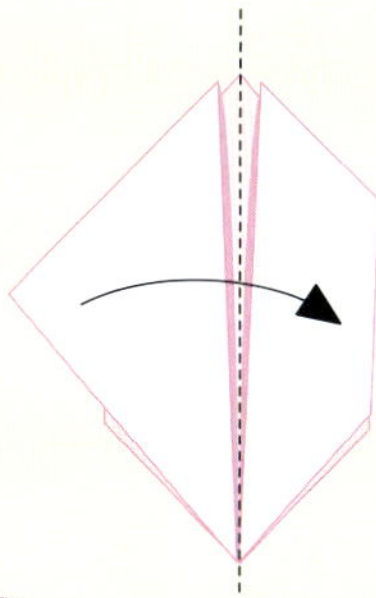

10 Nun wiederholst du links die Schritte 7 bis 9.

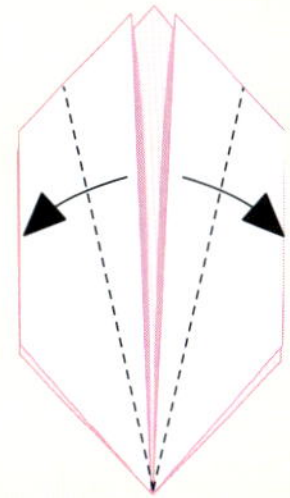

11 Zwei Talfalten.

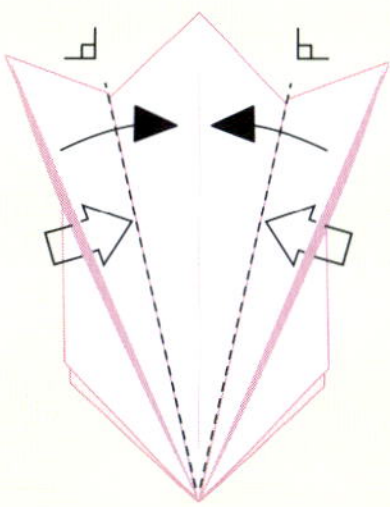

12 Du öffnest wieder und ziehst die Spitzen in die Höhe.

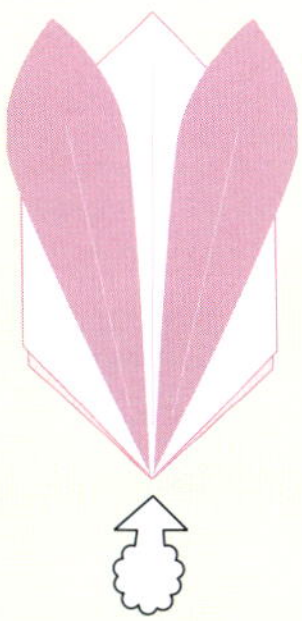

13 Einmal kräftig in die Form gepustet …

14 … und fertig ist das Häschen.

Vogel

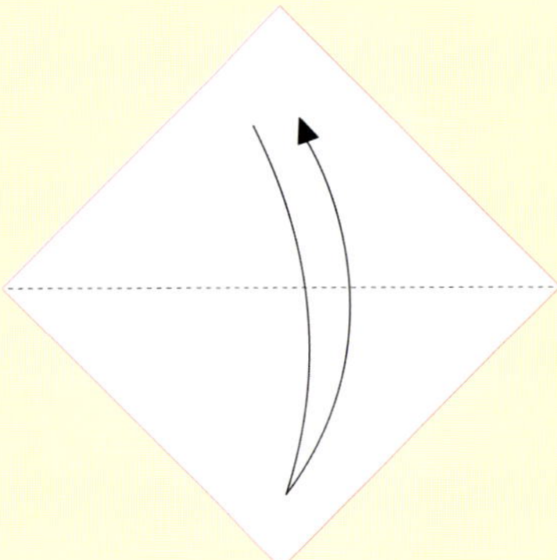

1 Beginne mit einer Talfalte und öffne wieder.

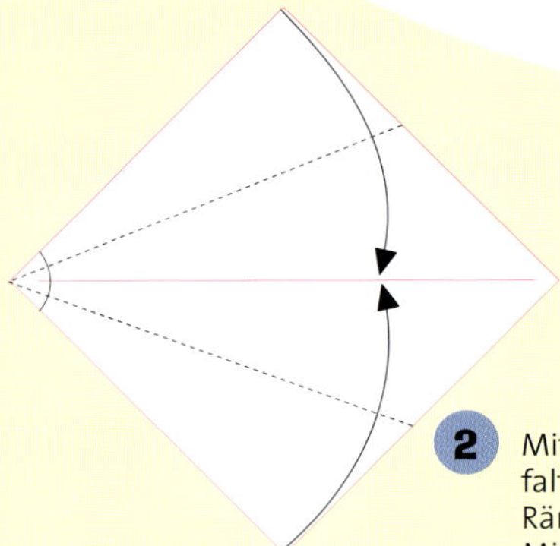

2 Mit einer Talfalte faltest du die Ränder an die Mittellinie.

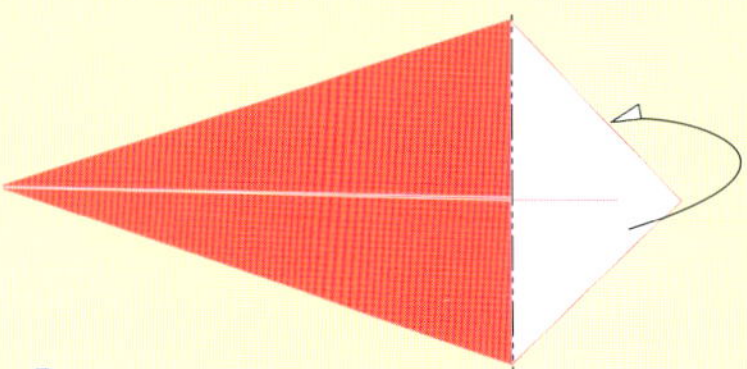

3 Eine Bergfalte.

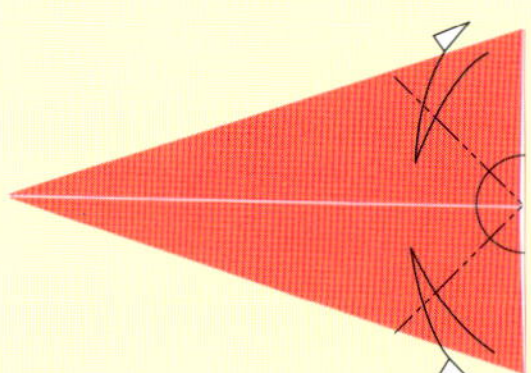

4 Zwei Bergfalten ausführen und wieder öffnen.

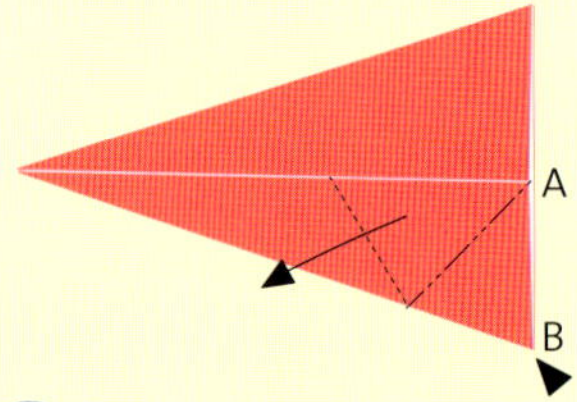

5 Du faltest die Linie AB an die Mittellinie.

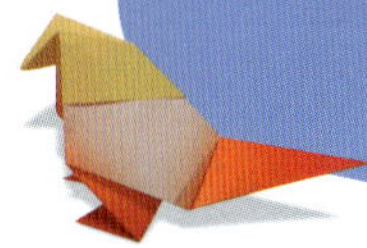

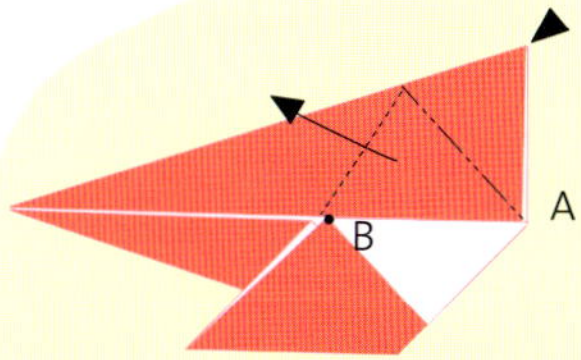

6 Wiederhole Schritt 5 mit der oberen Hälfte.

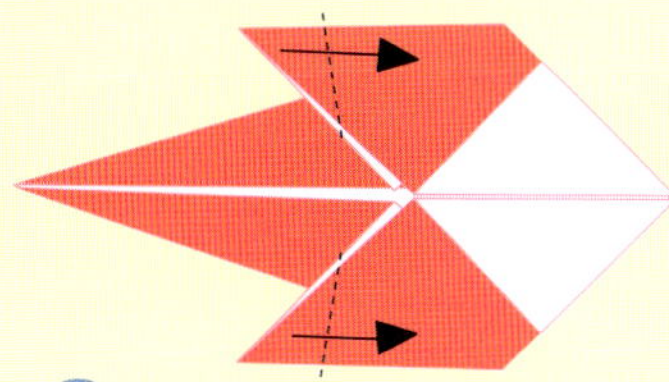

7 Es folgen Talfalten …

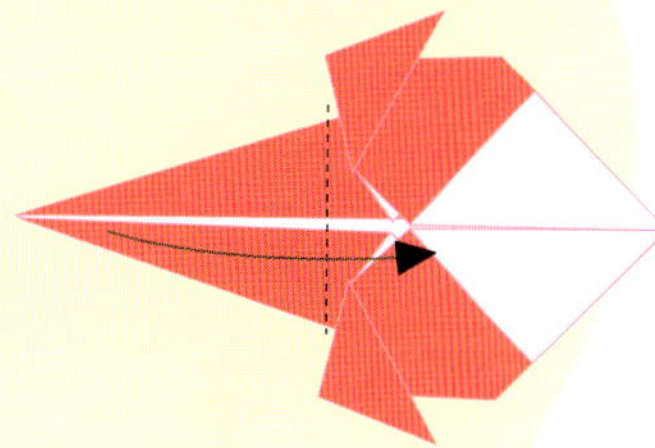

8 … und eine weitere Talfalte.

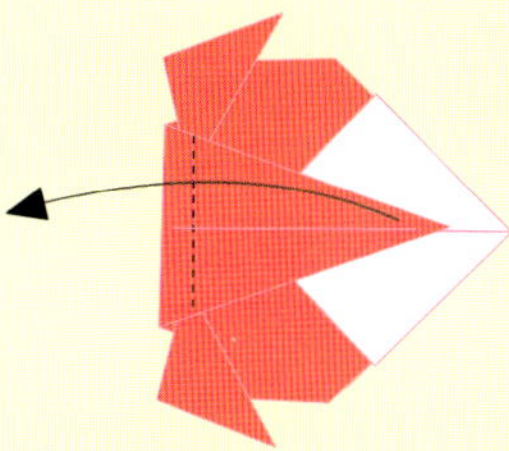

9 Du führst eine Talfalte aus.

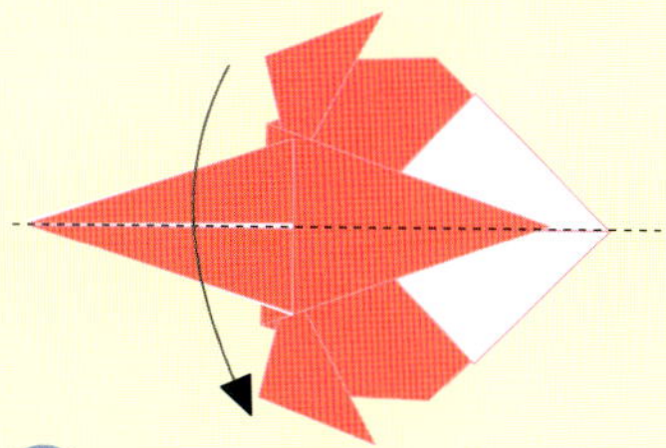

10 Die Form faltest du nun in der Mitte.

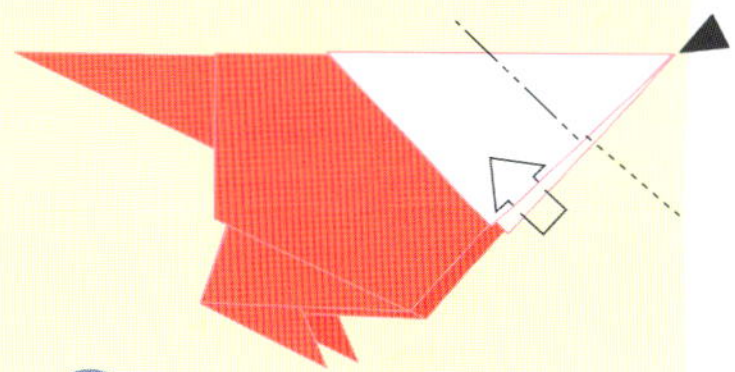

11 Führe eine Gegenbruchfalte nach innen (siehe Seite 8) aus.

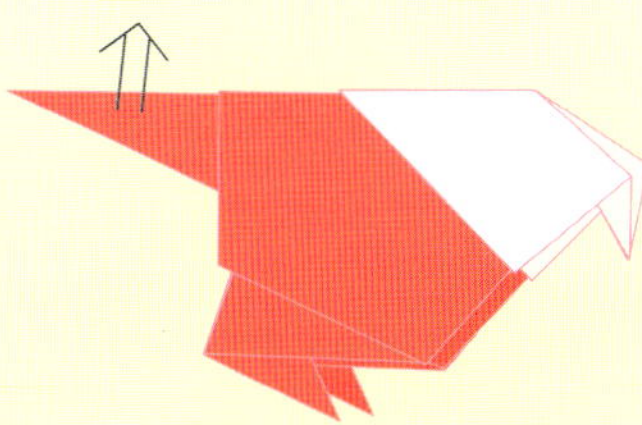

12 Während du den Schwanz nach oben ziehst, hältst du den Vogelkörper gut fest.

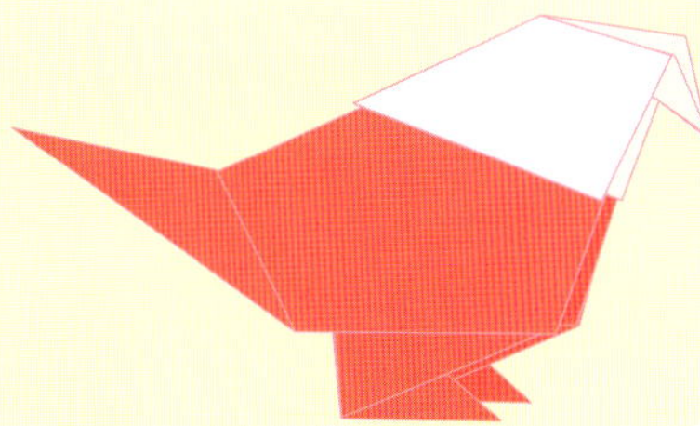

13 Ist dein Vogel nicht toll?

Schnecke

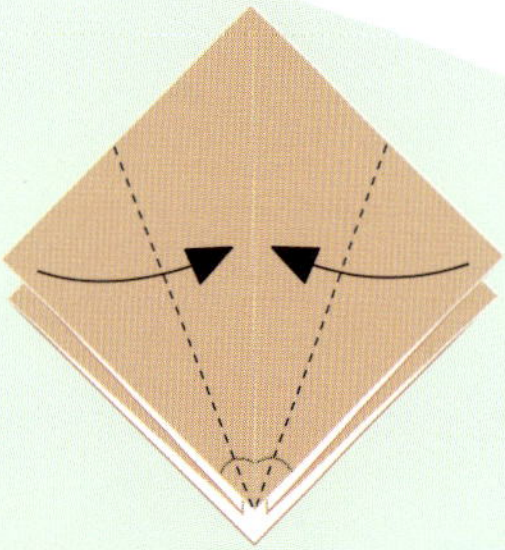

1 Du beginnst mit der Grundform (siehe Seite 9). Die Form liegt mit der Öffnung nach unten. Mit Talfalten faltest du die erste Lage der Flügel an die Mittellinie.

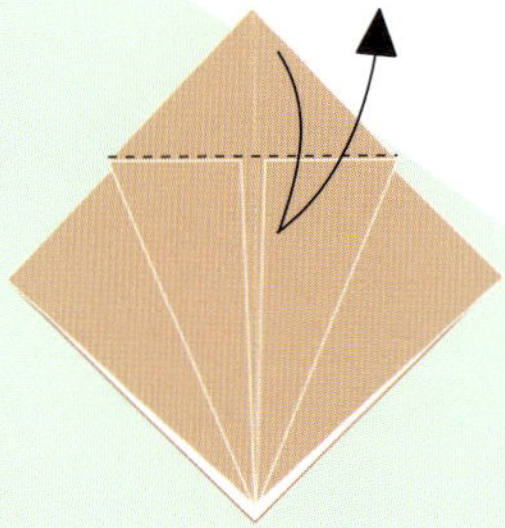

2 Du faltest eine Talfalte und öffnest wieder.

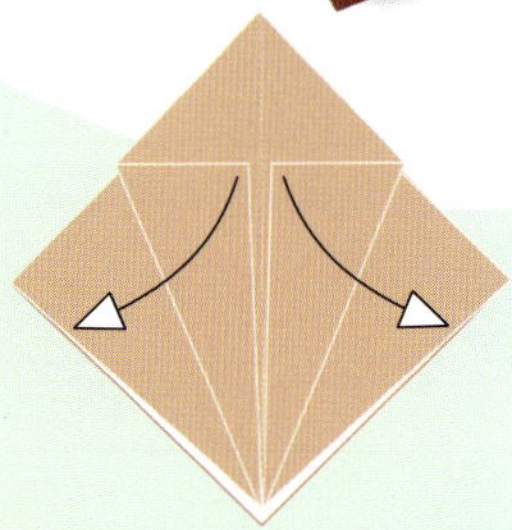

3 Den Flügel wieder öffnen. Die Form sieht aus wie bei Schritt 1.

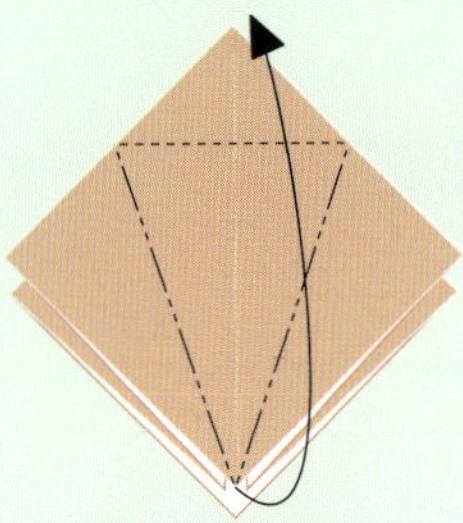

4 Falte die Spitze nach oben und glätte die Form.

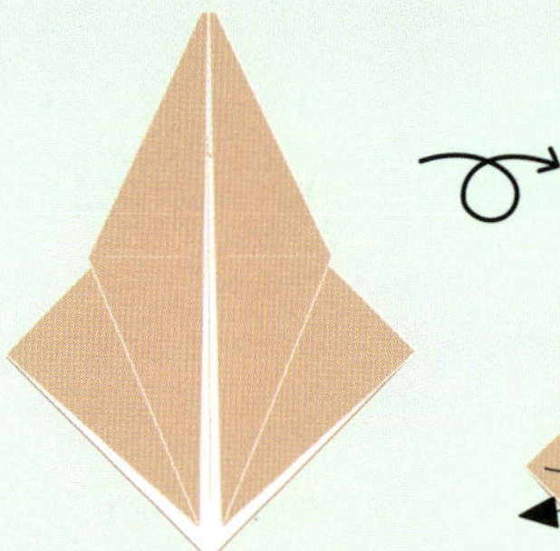

5 Die Form wenden.

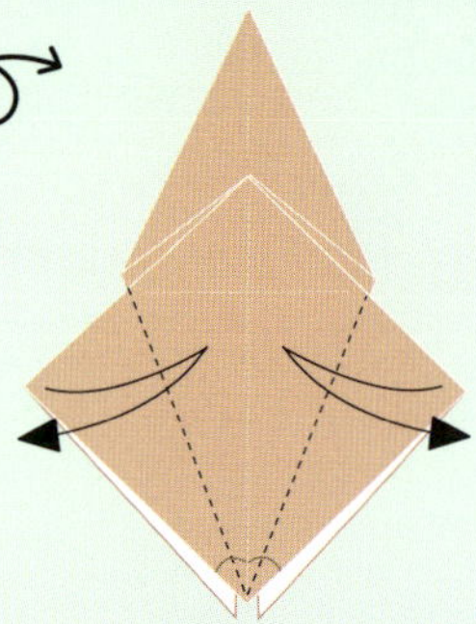

6 Du führst zwei Talfalten aus und öffnest wieder.

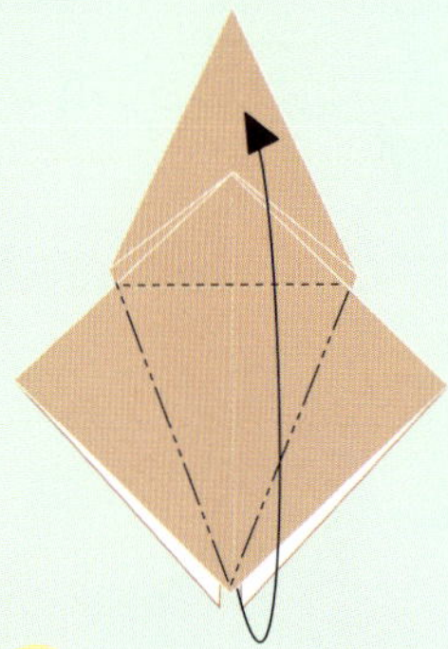

7 Du faltest die Spitze nach oben und glättest die Form.

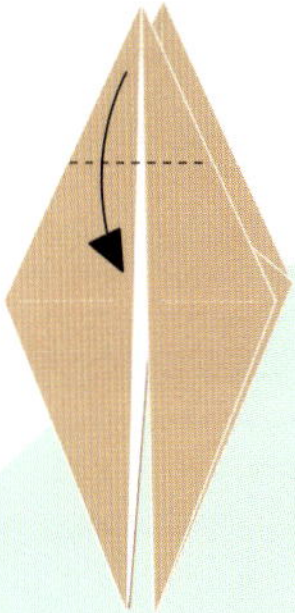

8 Falte die erste Lage der Spitze mit einer Talfalte an die Mittellinie.

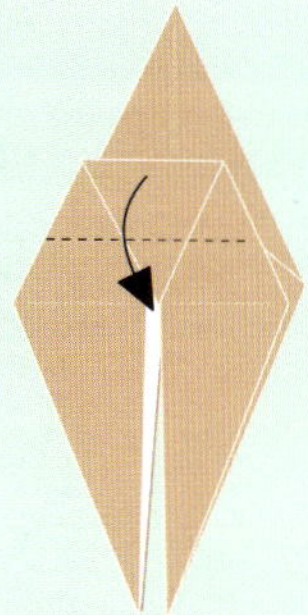

9 Nun faltest du sie erneut mit einer Talfalte an die Mittellinie.

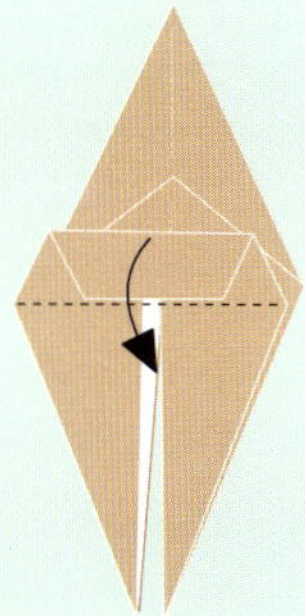

10 Eine Talfalte.

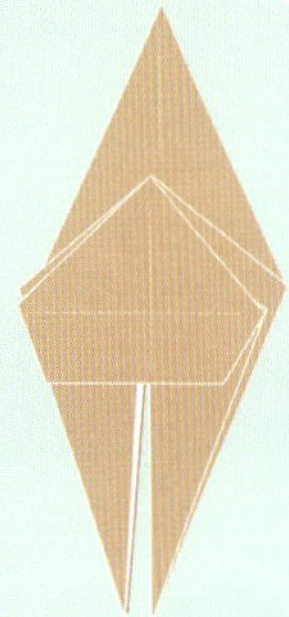

11 Wiederhole die Schritte 8 bis 10 mit der Rückseite.

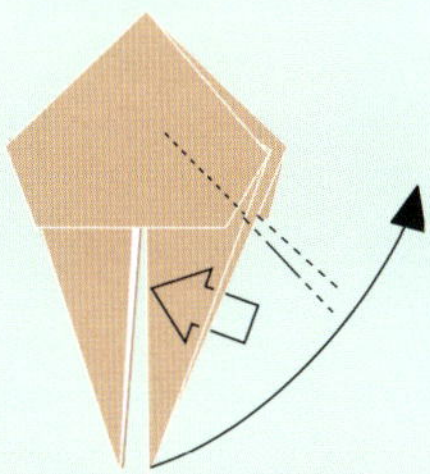

12 Führe noch eine Gegenbruchfalte nach innen (siehe Seite 8) aus ...

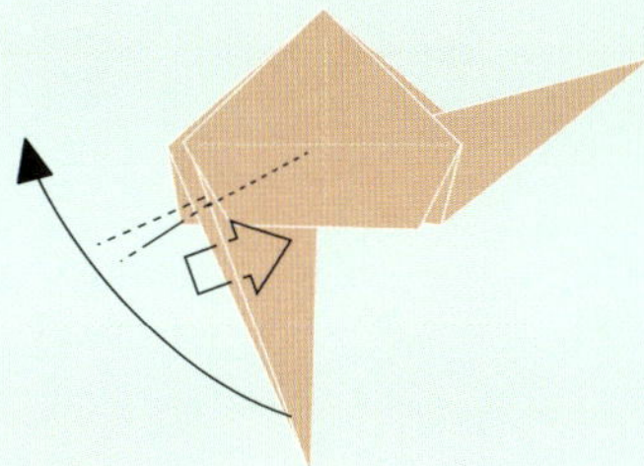

13 ... und eine weitere Gegenbruchfalte nach innen.

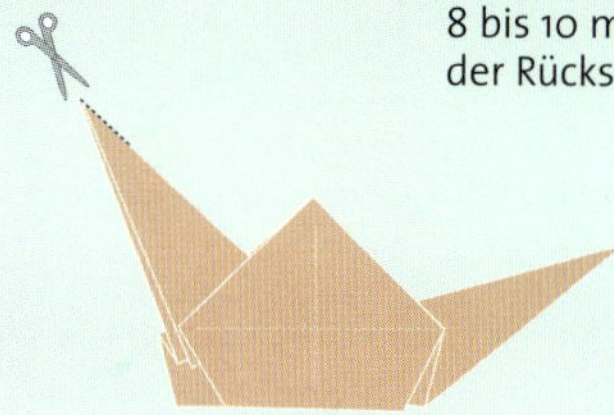

14 Die Spitze schneidest du oben ein.

15 Falte nur die erste Lage der Spitze mit einer Talfalte nach oben.

16 Deine Schnecke ist fertig!

Affe

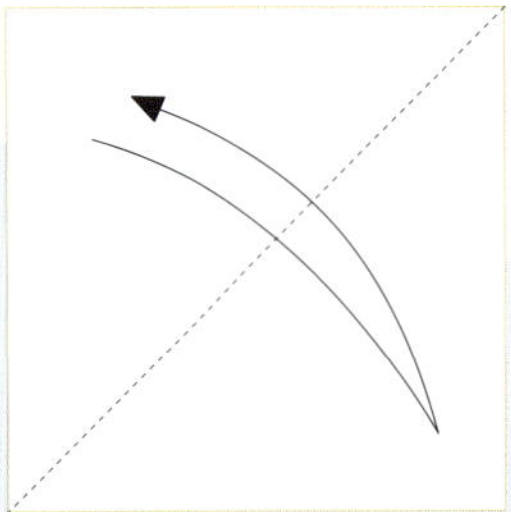

1 Beginne mit einer Talfalte und öffne wieder.

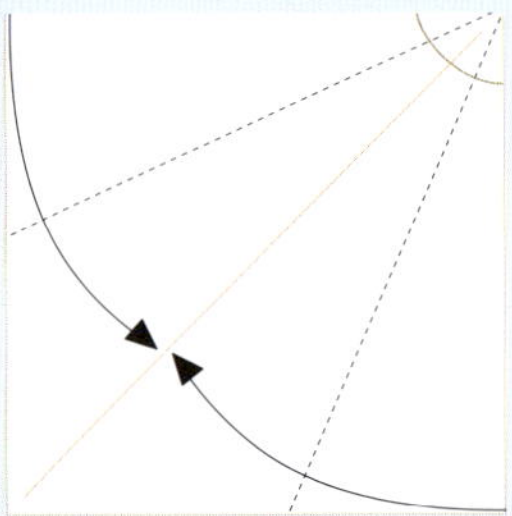

2 Mit Talfalten faltest du die Ränder an die Diagonale.

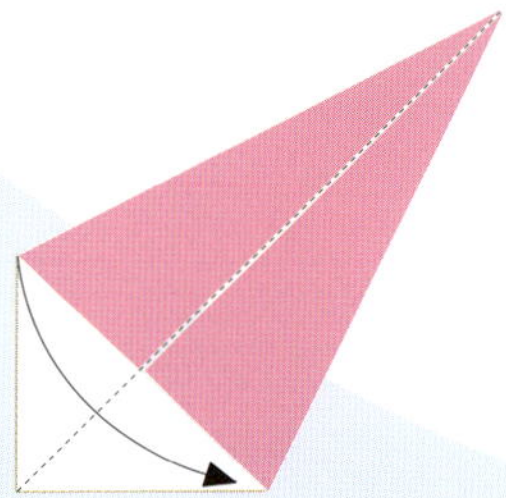

3 Du faltest die Form in der Mitte.

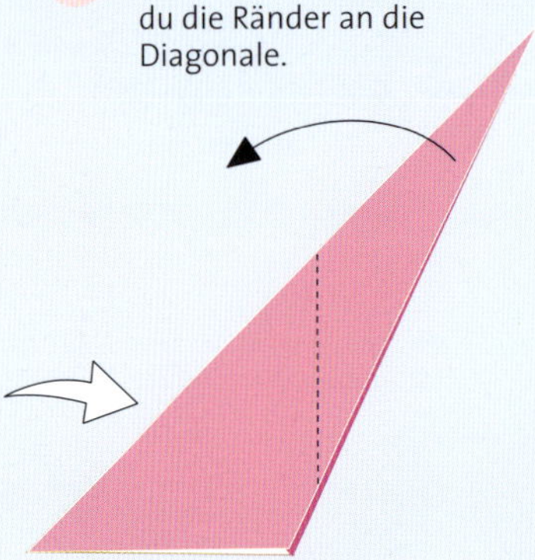

4 Eine Talfalte.

5 Noch eine Talfalte.

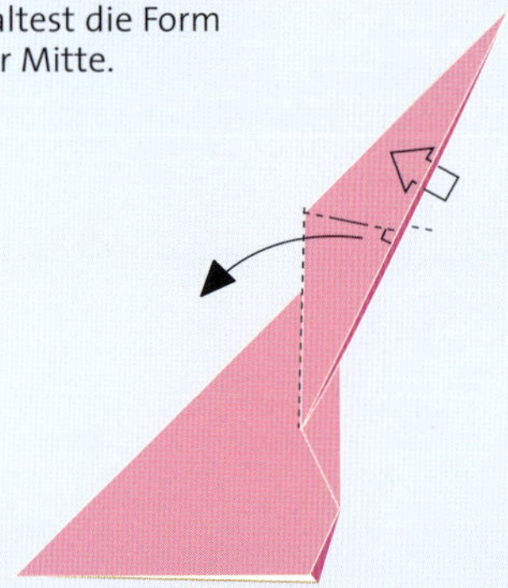

6 Du öffnest die Spitze wieder und faltest gleichzeitig nach links unten.

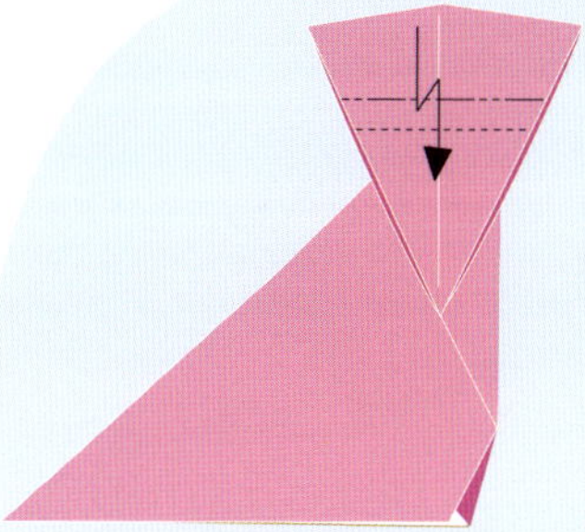

7 Am Kopf führst du eine Doppelfaltung aus.

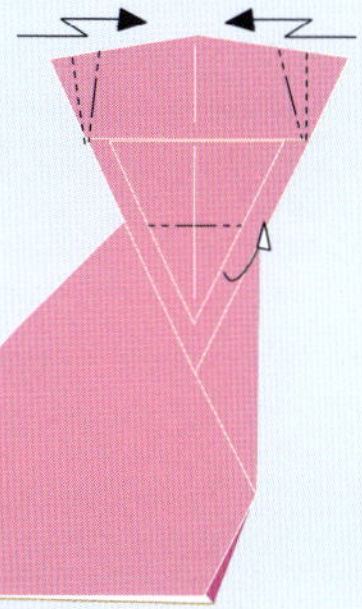

8 Mit zwei Doppelfaltungen gestaltest du die Ohren und mit einer Talfalte das Kinn.

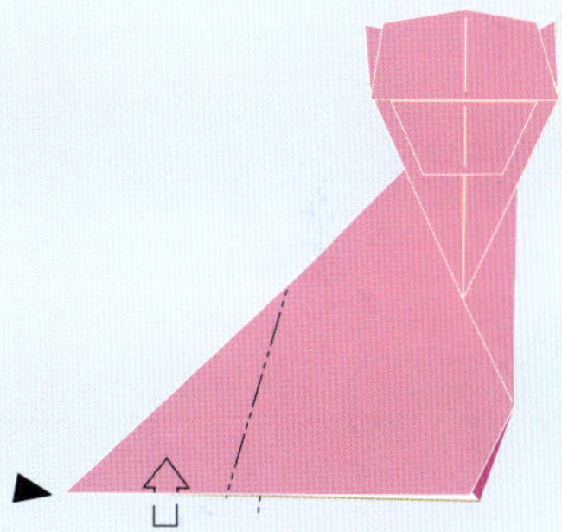

9 Stülpe die Spitze mit einer Gegenbruchfalte nach innen (siehe Seite 8).

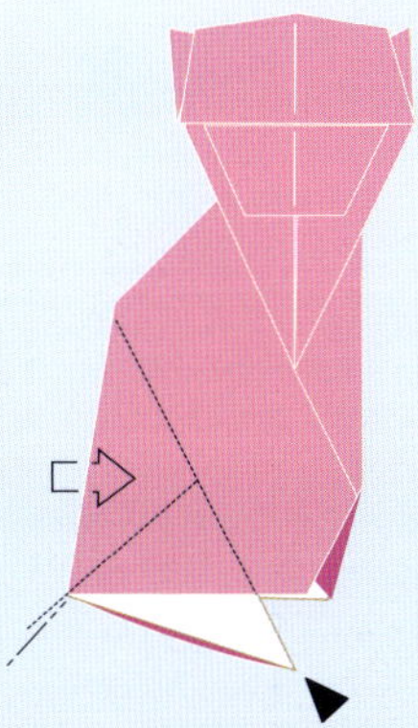

10 Die nach innen gefaltete Spitze stülpst du abermals nach innen.

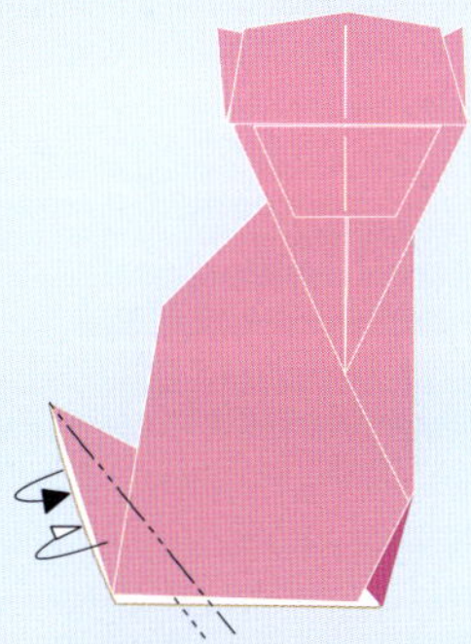

11 Falte nach innen, um den Schwanz zu erhalten.

12 Sieht dein Affe so aus?

Delfin

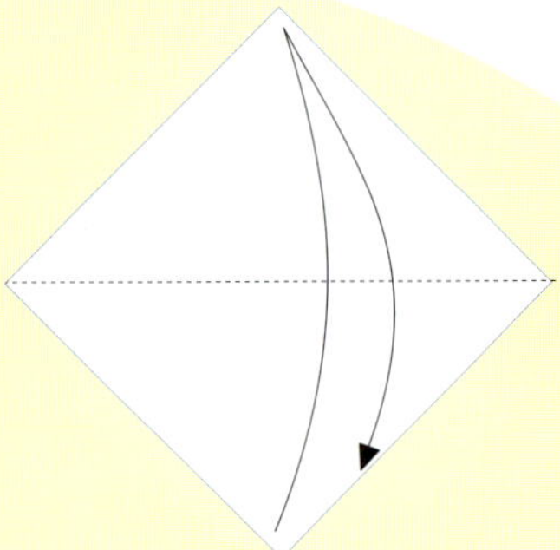

1 Führe zunächst eine Talfalte aus und öffne wieder.

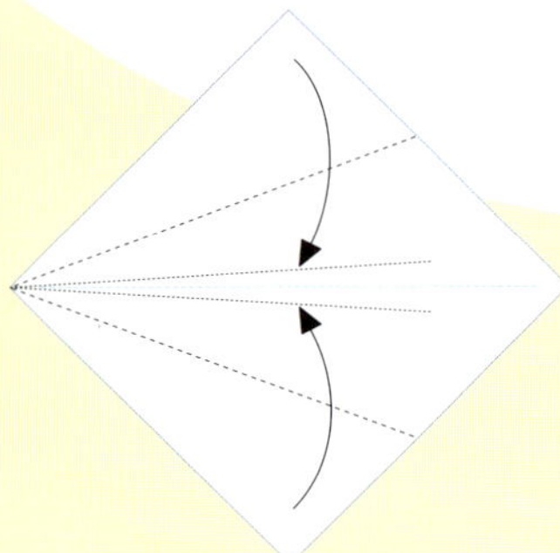

2 Die Ränder faltest du mit Talfalten an die Mittellinie – zwischen beiden Flügeln soll aber noch etwas Platz bleiben.

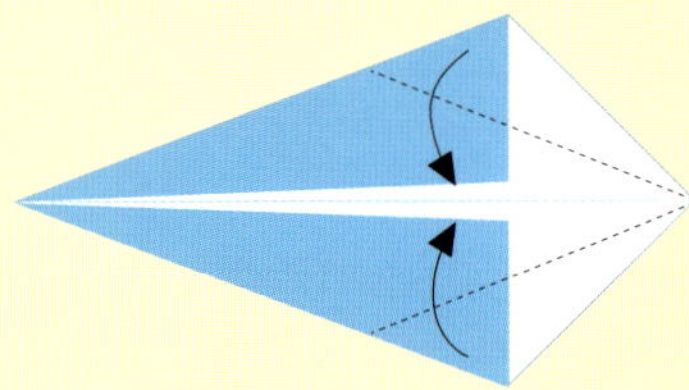

3 Wiederhole rechts den Schritt 2.

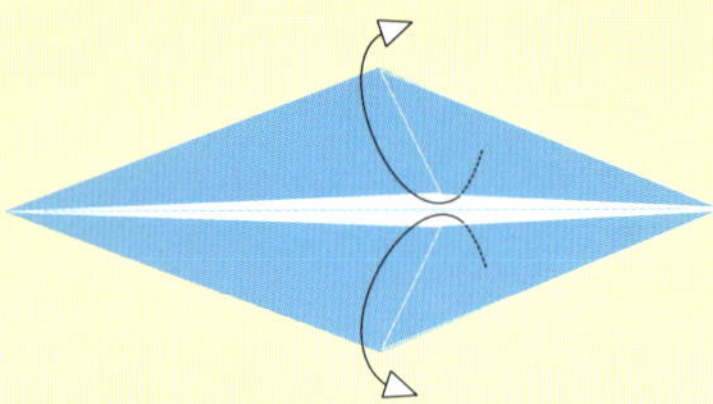

4 Die Spitzen herausziehen.

5 Wende die Form.

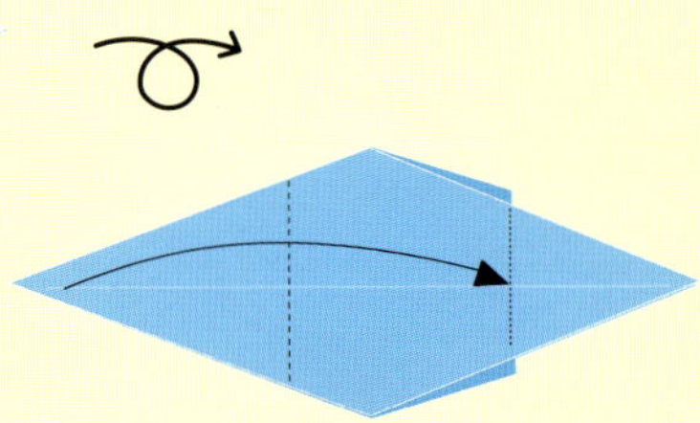

6 Eine Talfalte.

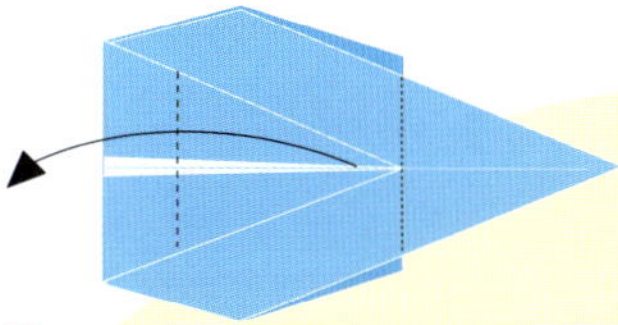

7 Führe eine Talfalte aus ....

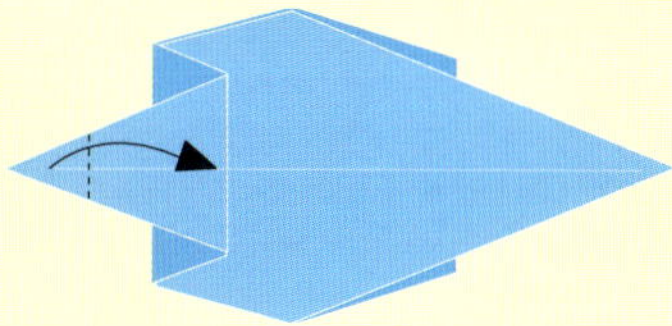

8 ... und eine weitere Talfalte.

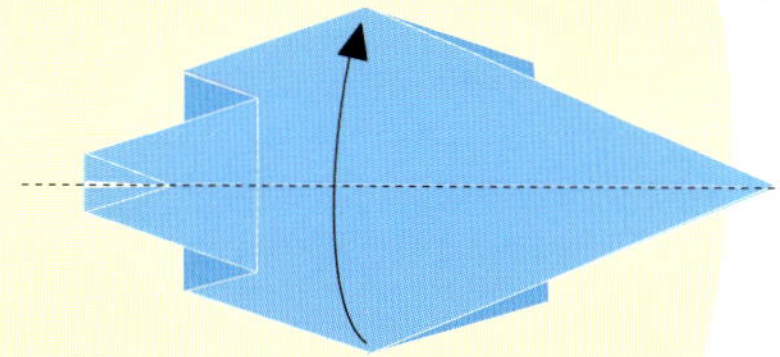

9 Die Form faltest du in der Mitte.

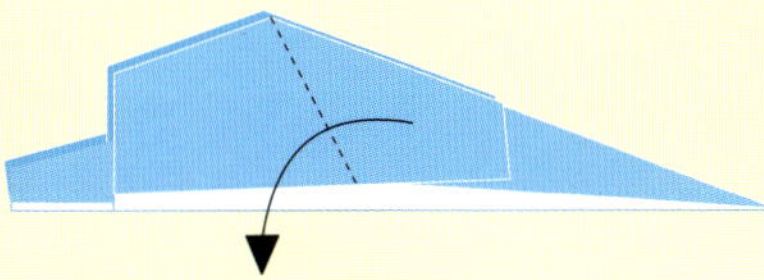

10 Führe eine Talfalte aus und wiederhole den Schritt auf der Rückseite.

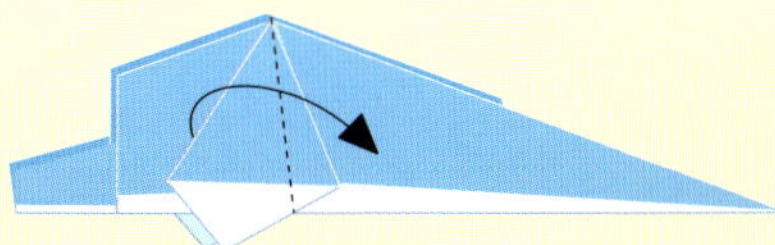

11 Du faltest eine Talfalte und wiederholst den Schritt auf der Rückseite.

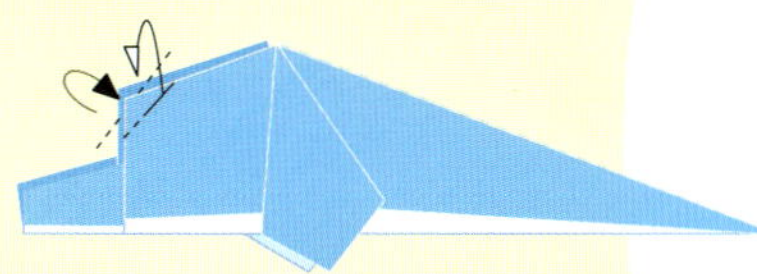

12 Falte noch eine Bergfalte und wiederhole den Schritt auf der Rückseite.

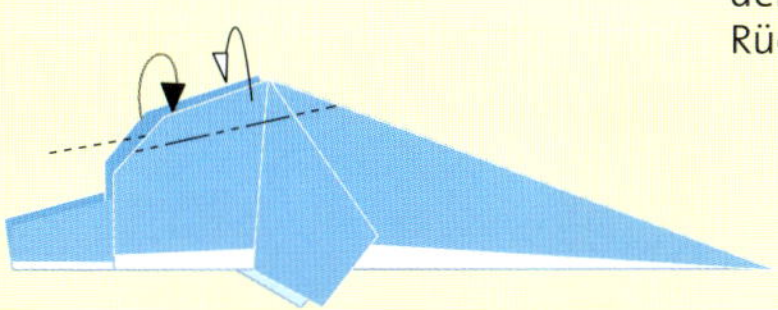

13 Führe eine Bergfalte aus und wiederhole den Schritt auf der Rückseite.

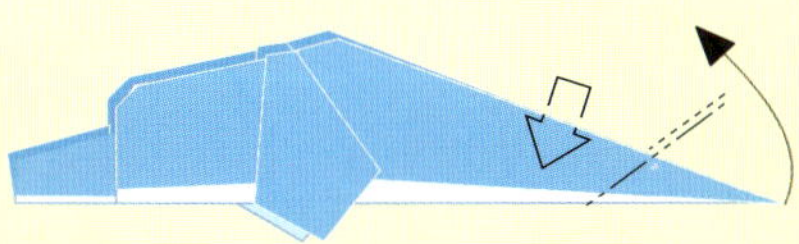

14 Nun folgt noch eine Gegenbruchfalte nach innen (siehe Seite 8).

15 Fertig ist der Delfin.

Krebs

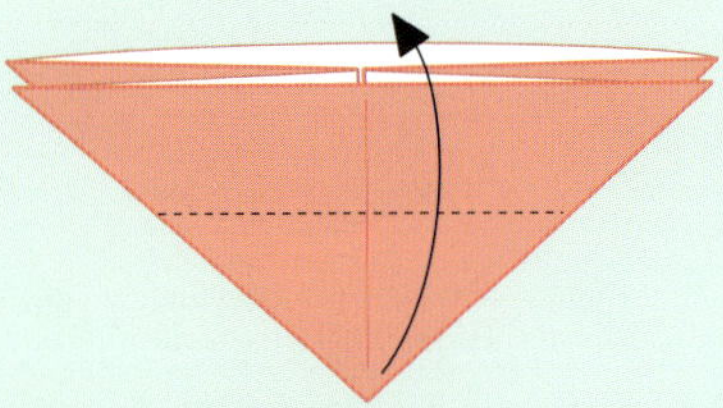

1 Los geht es mit dem Fliegerdreieck (siehe Seite 9). Falte eine Talfalte.

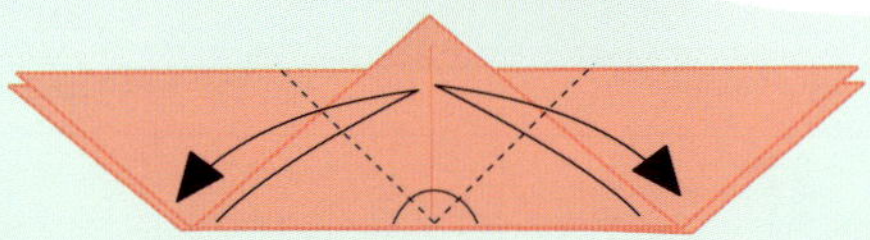

2 Die entstandenen Falze werden fest ausgestrichen.

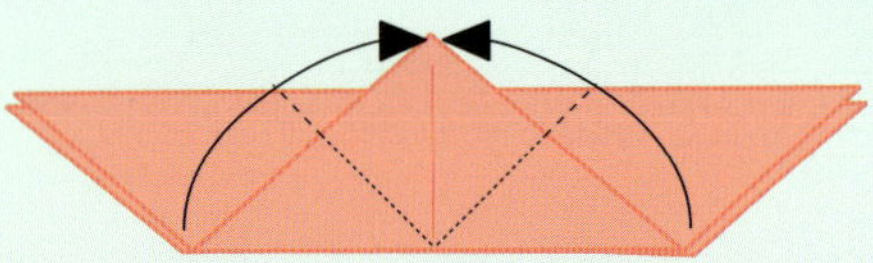

3 Du führst die Talfalte nur mit der obersten Lage der Flügel aus.

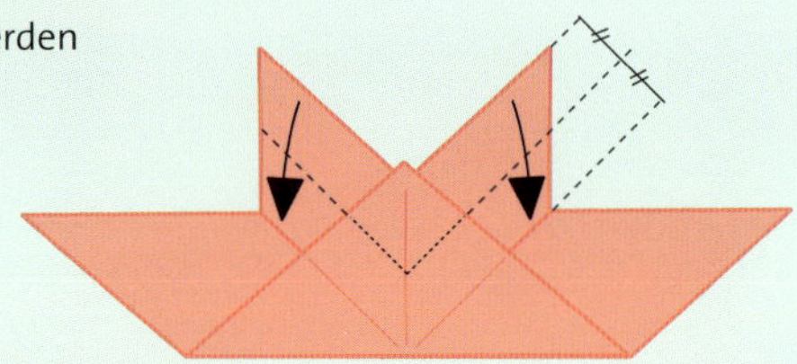

4 Talfalten.

5 Du führst wieder Talfalten aus.

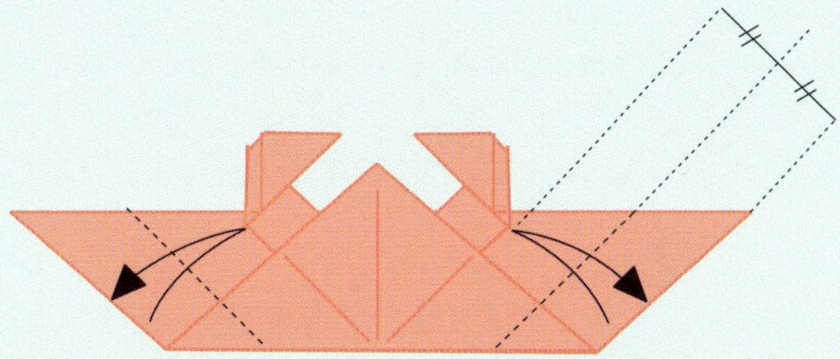

6 Falte zwei Talfalten und öffne wieder.

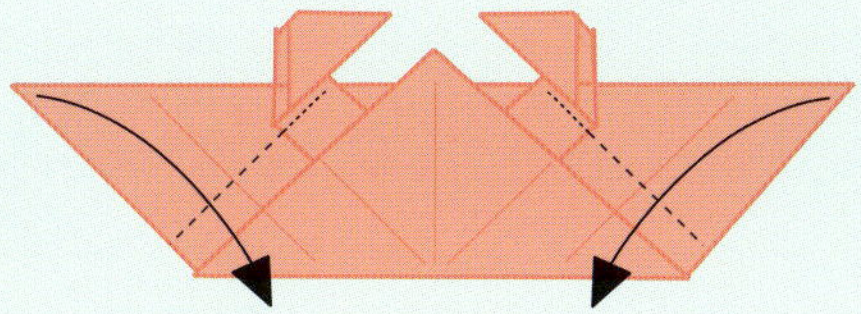

7 Talfalten.

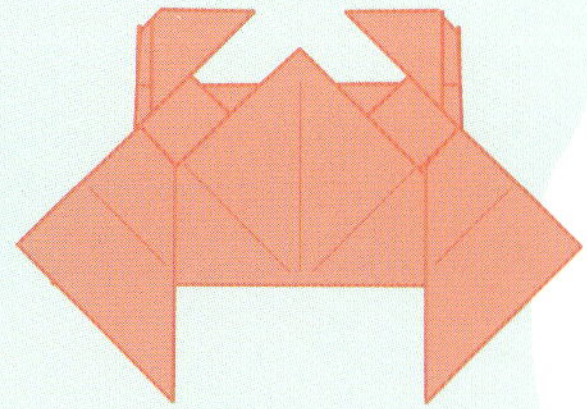

8 So sieht die Form nun aus. Du wendest sie.

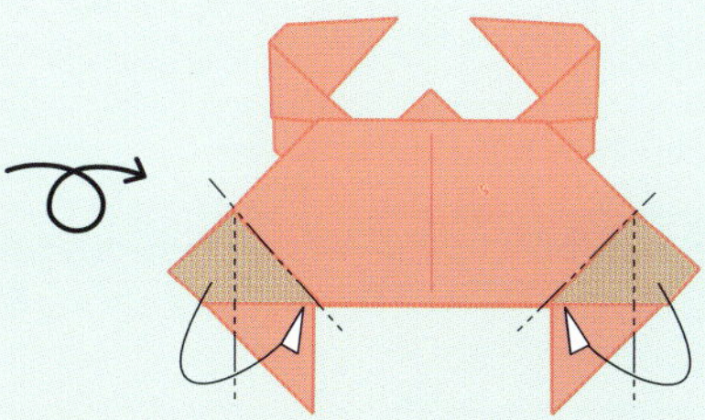

9 Falte die Ecken an den bestehenden Falzen nach innen.

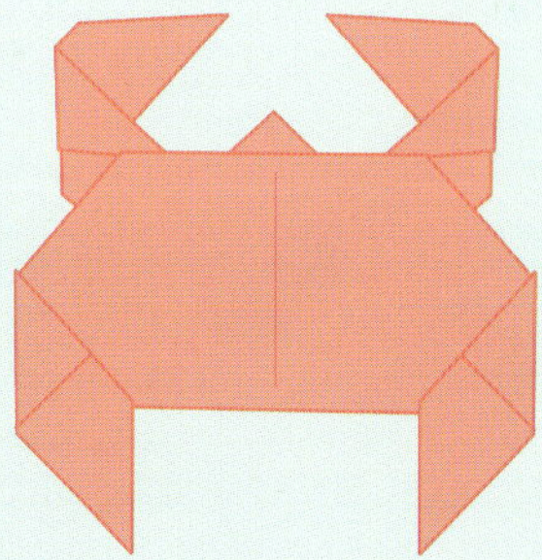

10 Ein hübscher roter Krebs!

Pinguin

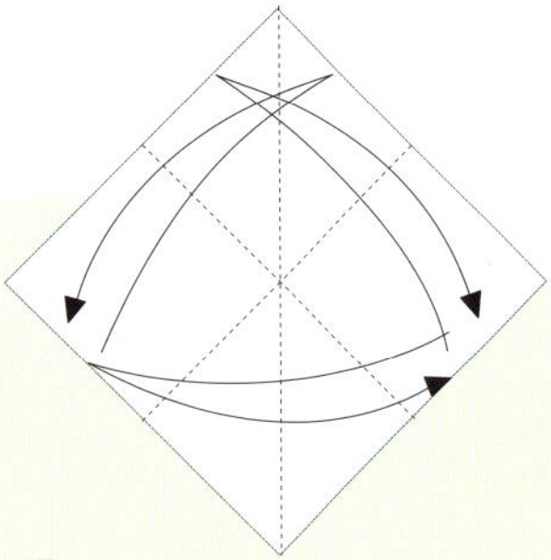

1 Du beginnst mit drei Talfalten und öffnest wieder.

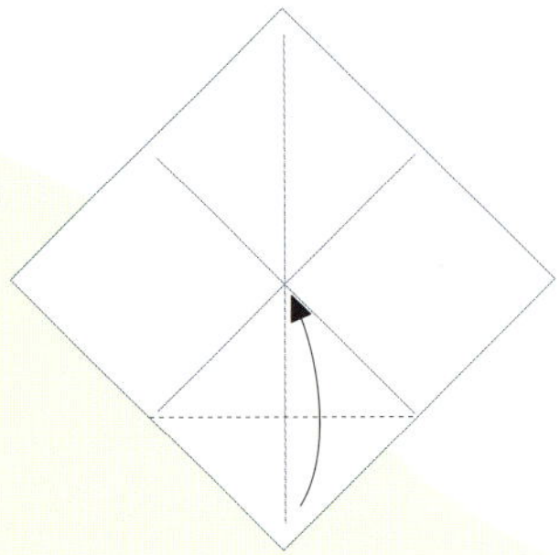

2 Führe eine Talfalte aus.

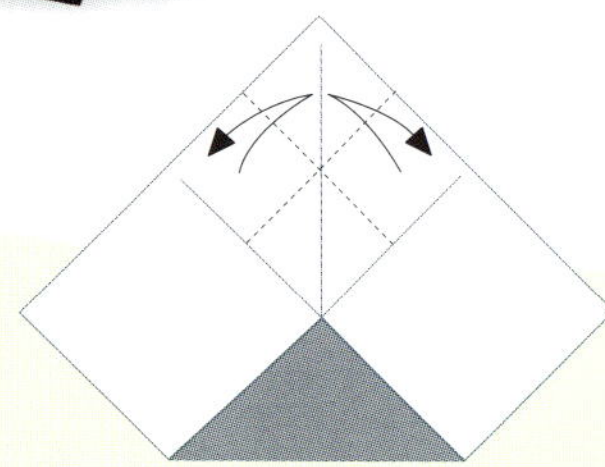

3 Es folgen zwei Talfalten. Dann öffnest du wieder.

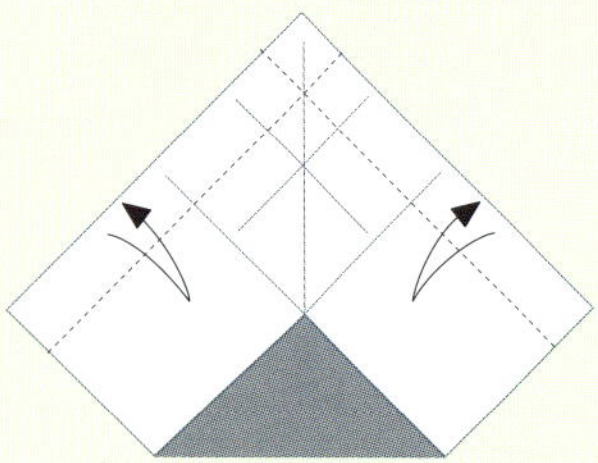

4 Führe zwei Talfalten aus und öffne wieder.

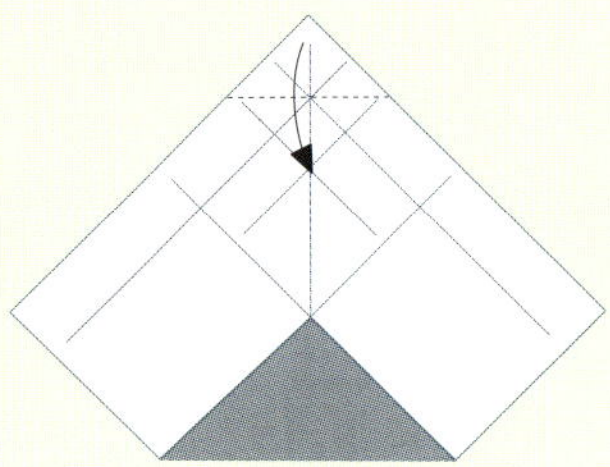

5 Eine Talfalte.

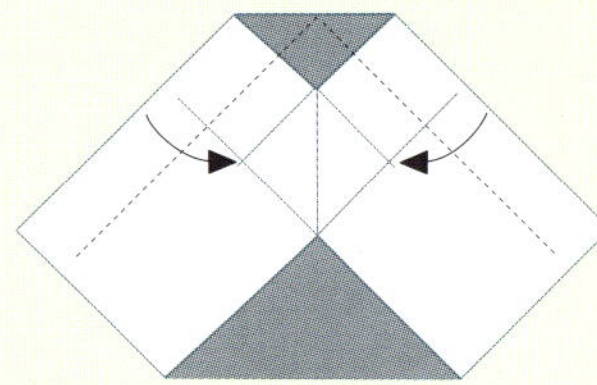

6 Weitere Talfalten.

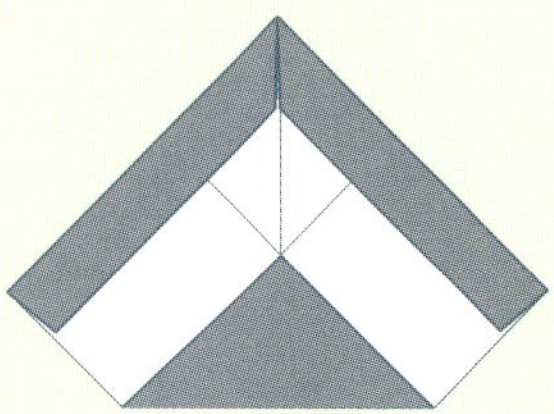

7 Die Form wenden.

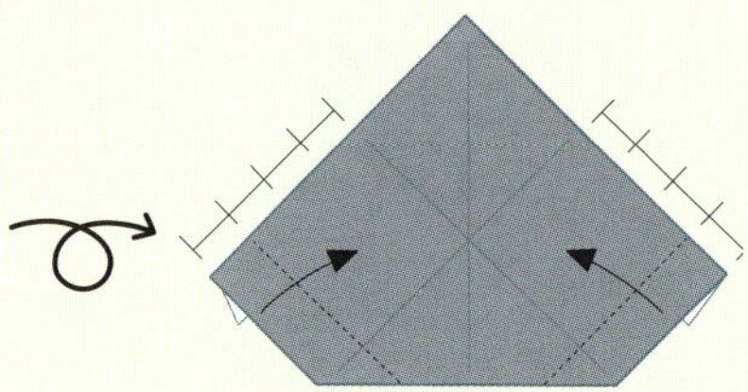

8 Du führst wieder Talfalten aus.

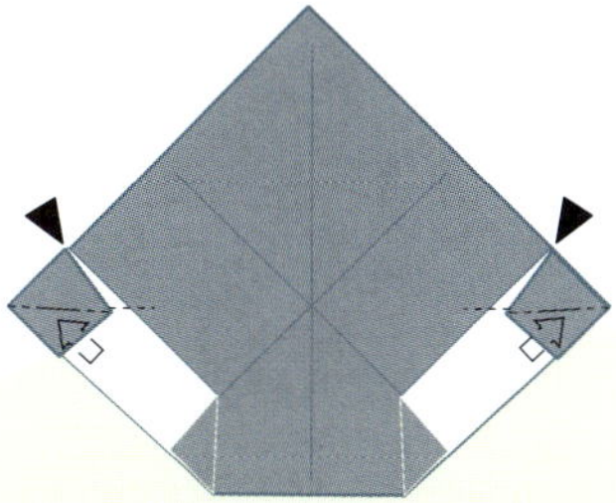

9 Öffne die Flügelchen und glätte sie.

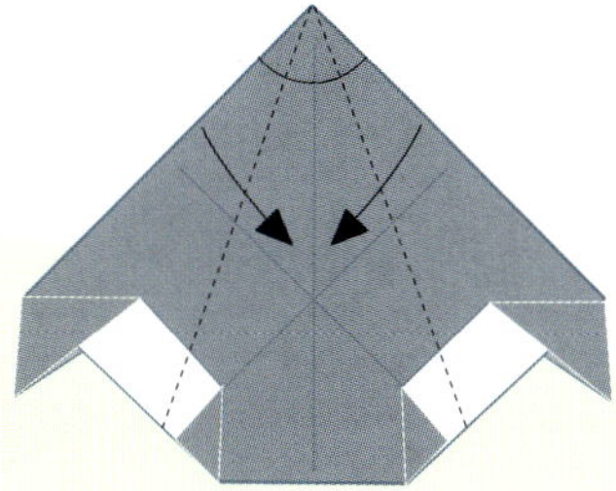

10 Die Ränder faltest du mit Talfalten an die Mittellinie.

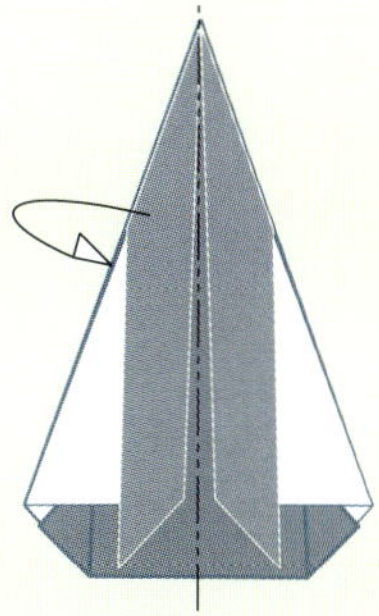

11 Falte die Form in der Mitte.

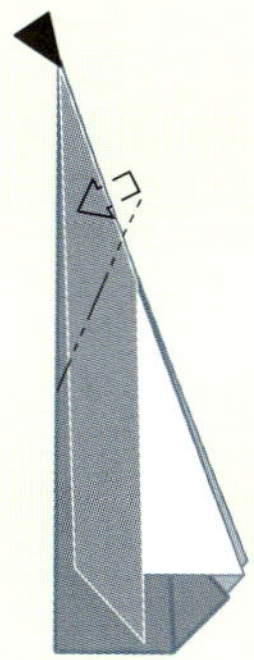

12 Hier folgen eine Gegenbruchfalte nach innen (siehe Seite 8) ...

13 ... und eine Gegenbruchfalte nach außen (siehe Seite 8).

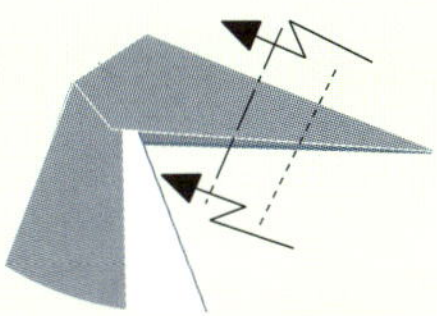

14 Ausschnitt des Kopfes: Führe eine Doppelfaltung aus.

15 So sieht die Form jetzt aus.

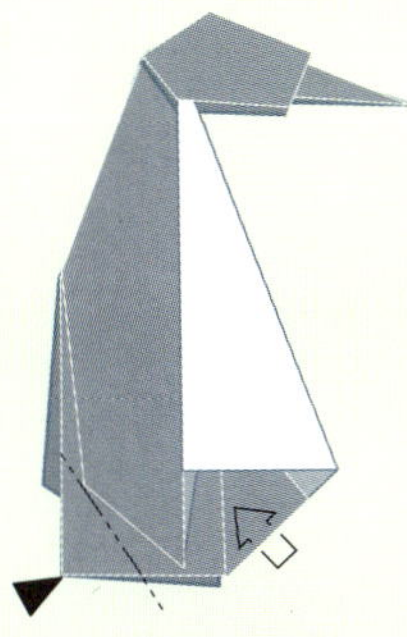

16 Noch eine Gegenbruchfalte nach innen ...

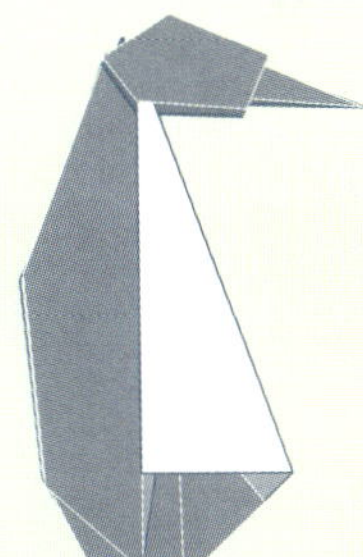

17 .... und fertig ist der Pinguin.

Sardine

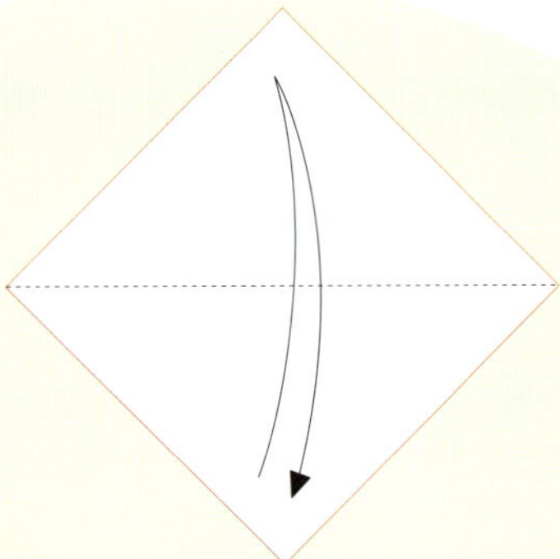

1 Führe eine Talfalte aus und öffne wieder.

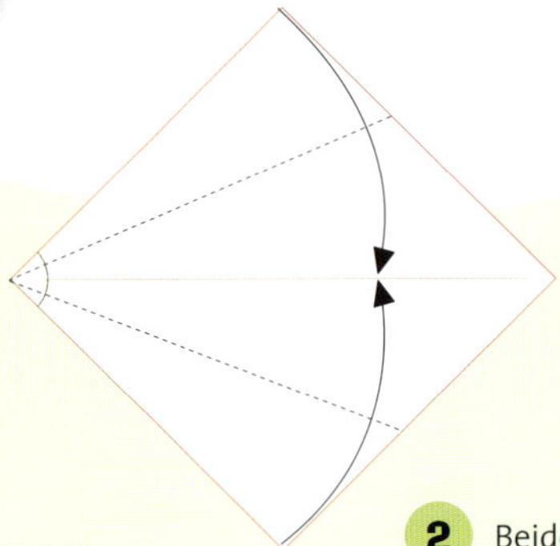

2 Beide Ränder faltest du mit Talfalten an die Mittellinie.

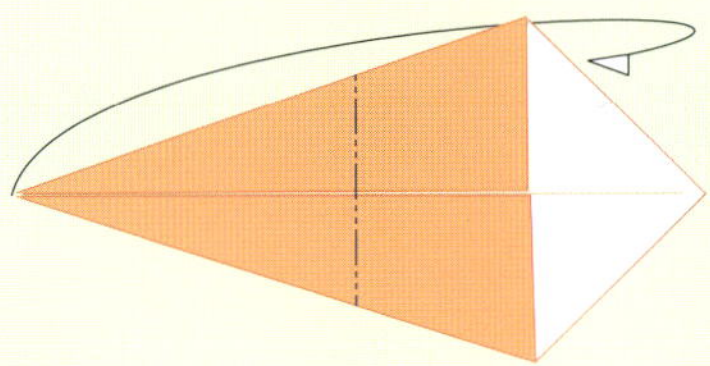

3 Es folgt eine Bergfalte.

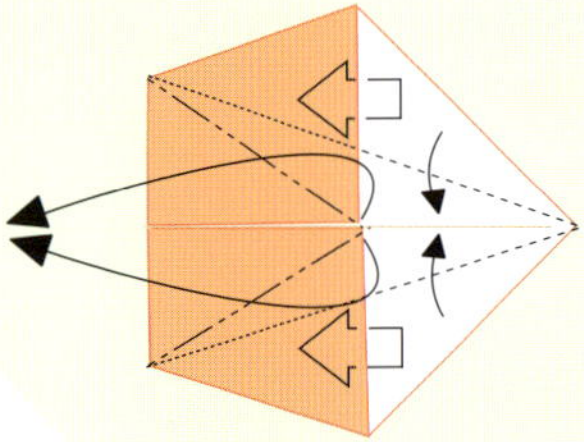

4 Hier öffnest du und faltest gleichzeitig die Spitzen nach links.

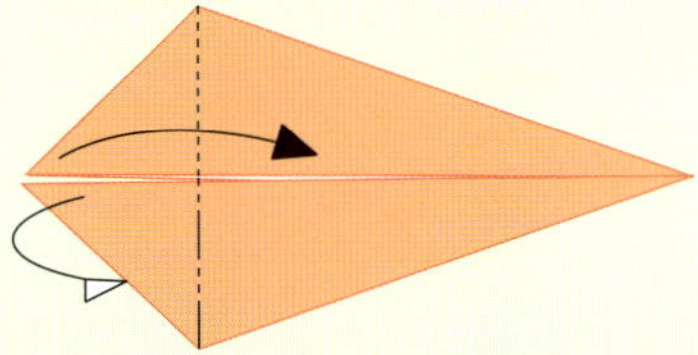

5 Bei einer Spitze führst du eine Talfalte, bei der anderen eine Bergfalte aus.

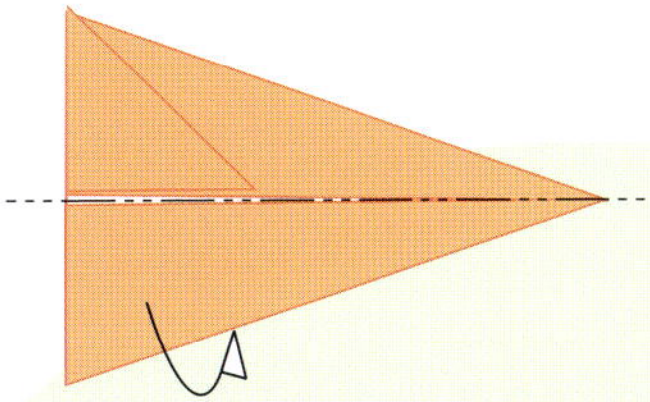

6 Falte die Form in der Mitte.

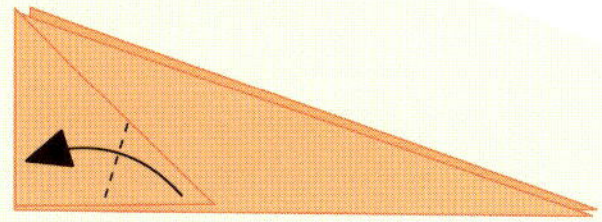

7 Die Spitze mit einer Talfalte falten.

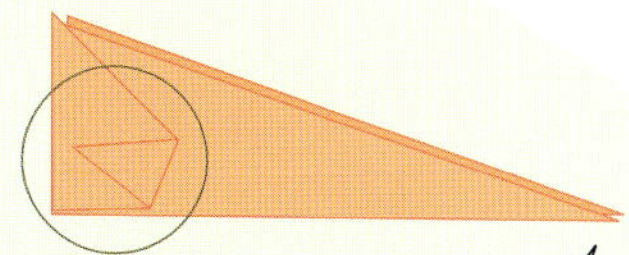

8 Die folgenden Schritte zeigen die vergrößerte Spitze.

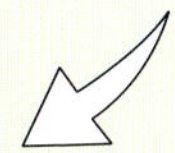

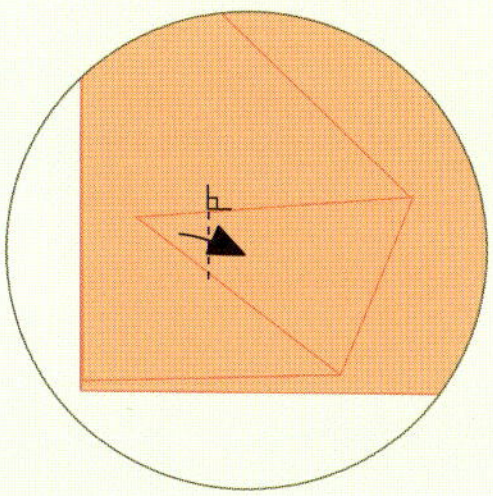

9 Falte mit einer Talfalte im rechten Winkel.

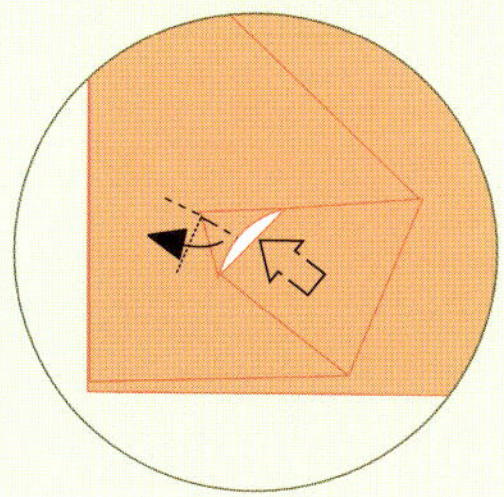

10 Öffne die Spitze, ziehe sie nach links und glätte sie.

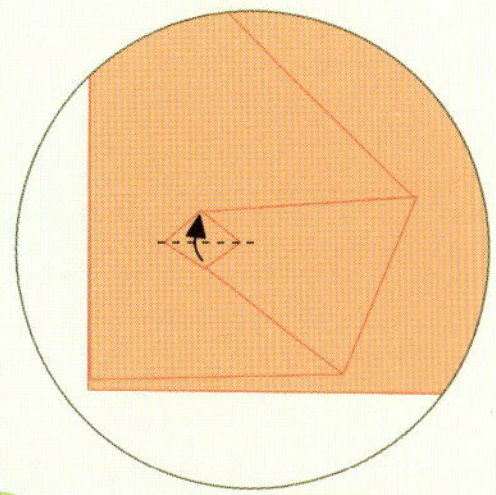

11 Die kleine Spitze faltest du nach oben – das Sardinenauge wechselt dabei die Farbe.

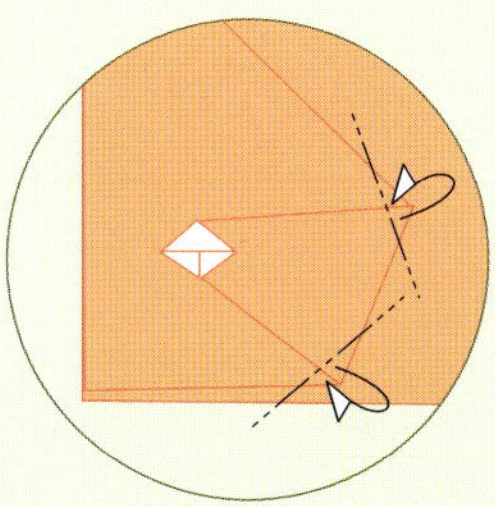

12 Bergfalten.

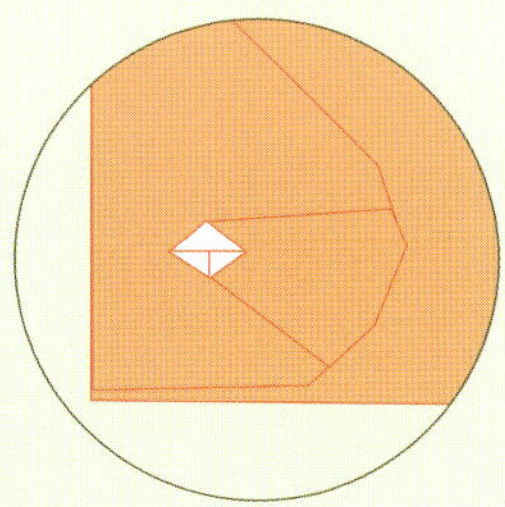

13 So sieht das Ergebnis aus.

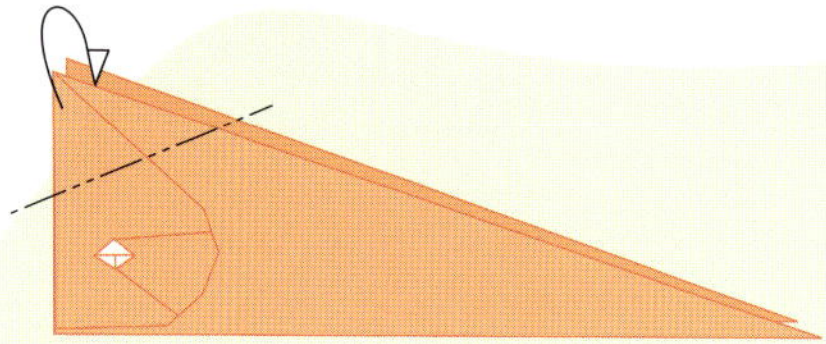

14 Du führst nur mit der ersten Lage des Flügels eine Bergfalte aus.

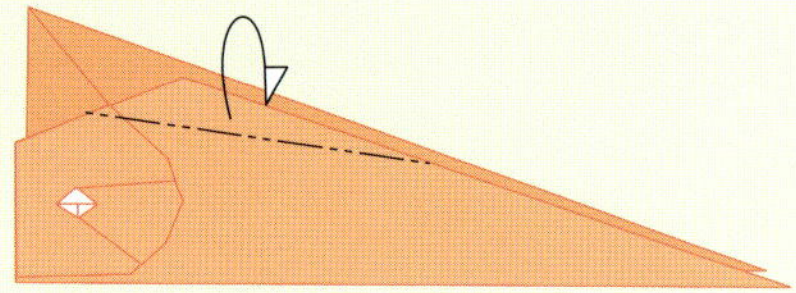

15 Falte erneut eine Bergfalte.

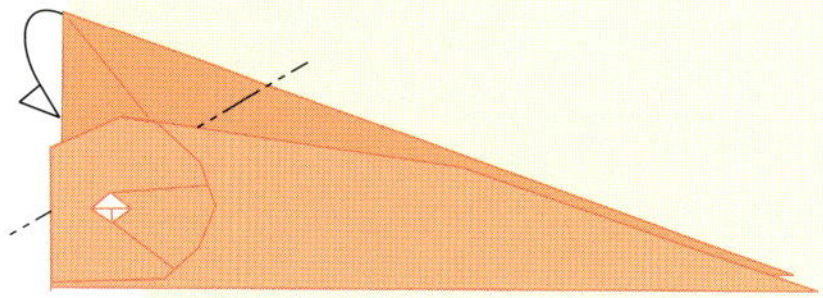

16 Nur mit der letzten Lage des Flügels führst du eine Bergfalte aus.

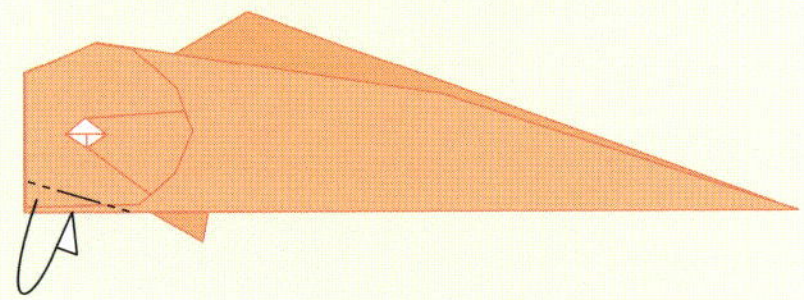

17 Falte auch hier eine Bergfalte.

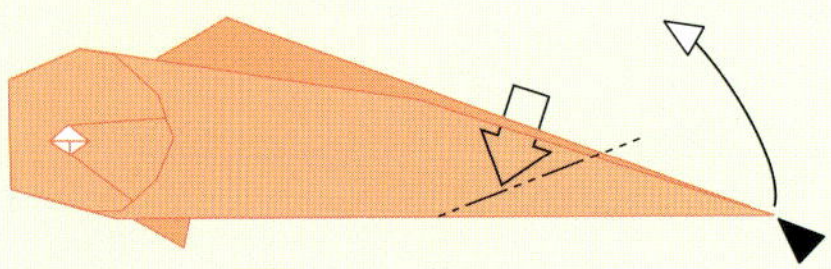

18 Es folgt eine Gegenbruchfalte nach innen (siehe Seite 8).

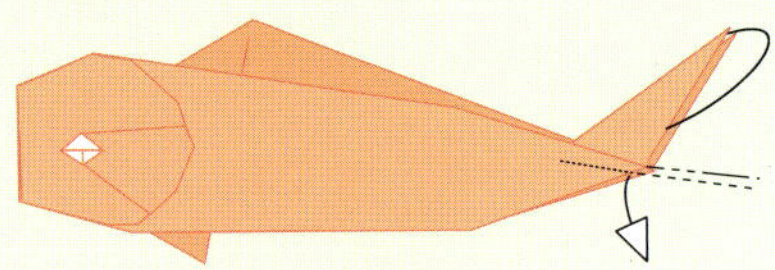

19 Du stülpst nur die innere Spitze mit einer Gegenbruchfalte nach innen.

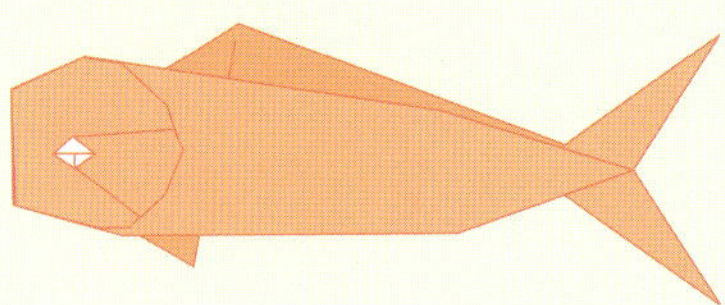

20 So sieht die fertige Sardine aus.

Zikade

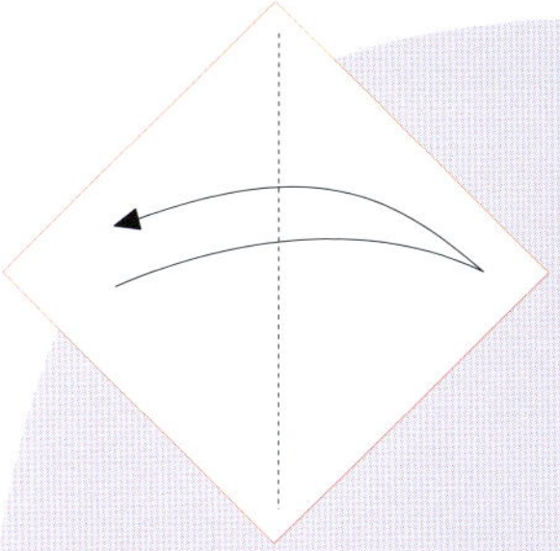

1 Los geht es mit einer Talfalte, dann öffne wieder.

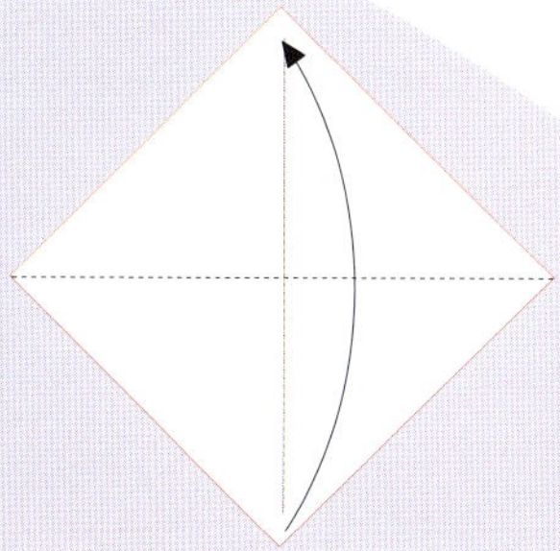

2 Führe eine Talfalte nach oben aus.

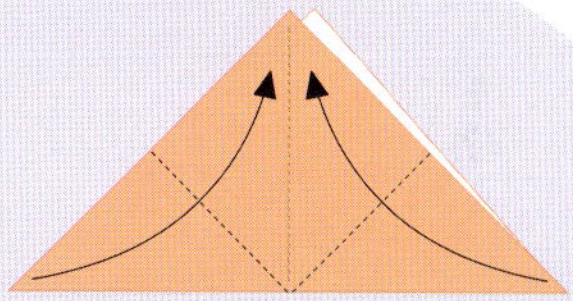

3 Mit Talfalten faltest du die Spitzen nach oben.

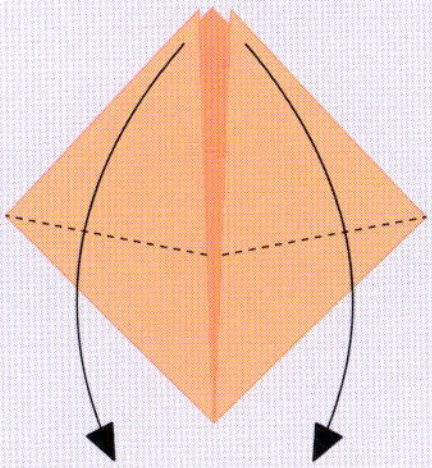

4 Falte Talfalten nach unten.

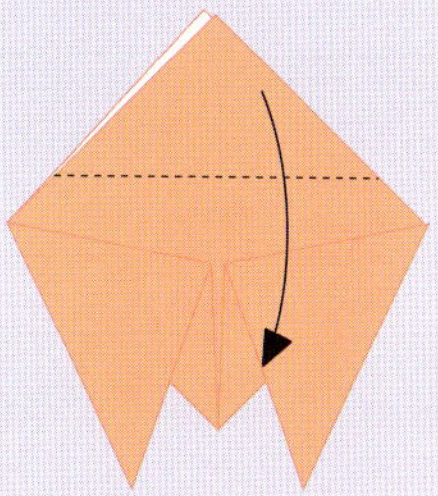

5 Nur die erste Lage des Flügels faltest du mit einer Talfalte nach unten.

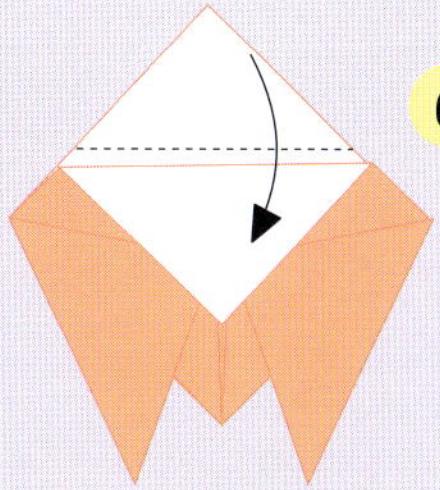

6 Eine Talfalte nach unten.

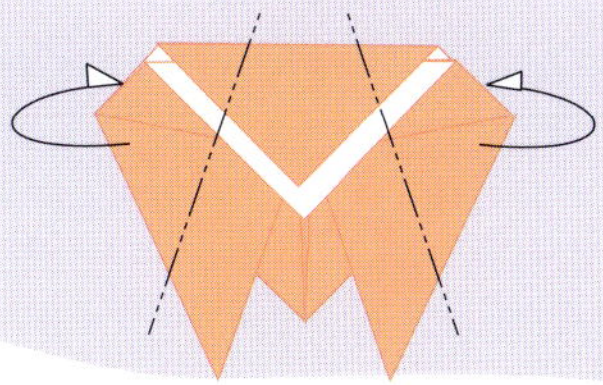

7 Die Ecken mit Bergfalten falten.

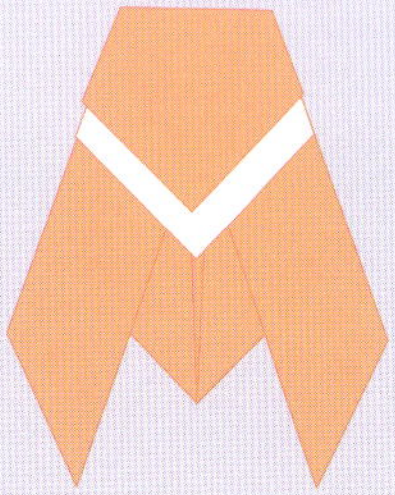

8 Dies ist deine Zikade!

Winde

Die Blüte

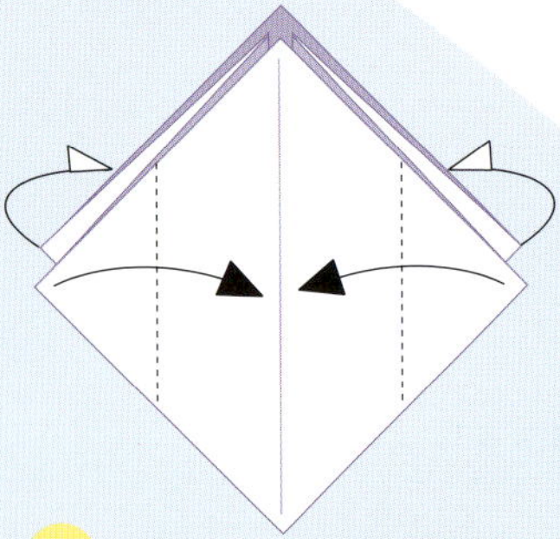

1 Falte zunächst die Grundform (siehe Seite 9). Die Form liegt mit der Öffnung nach oben. Falte die Ecken mit Talfalten an die Mittellinie und wiederhole den Schritt auf der Rückseite.

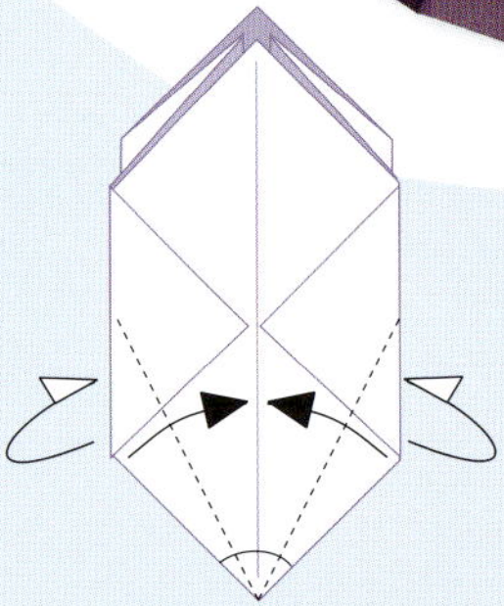

2 Die Ränder führst du mit Talfalten an die Mittellinie und wiederholst den Schritt mit der Rückseite.

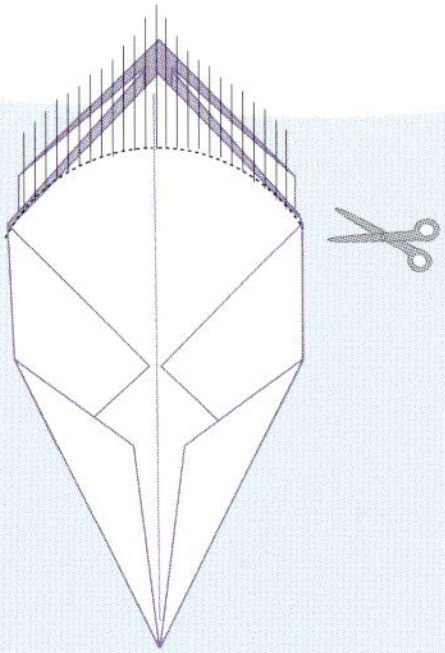

3 Schneide die Spitzen rund ab.

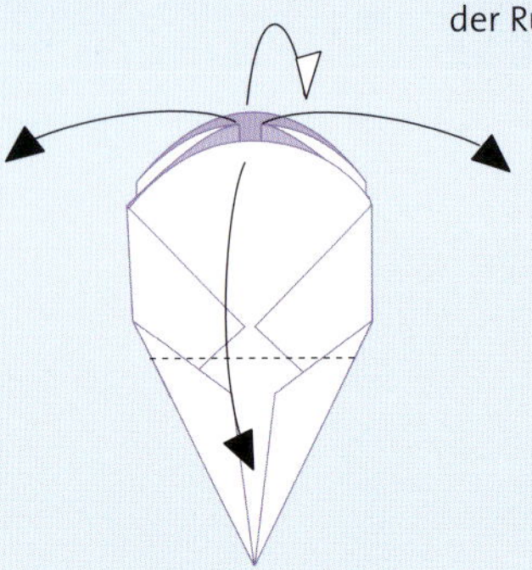

4 Mit vier Talfalten öffnest du die Form.

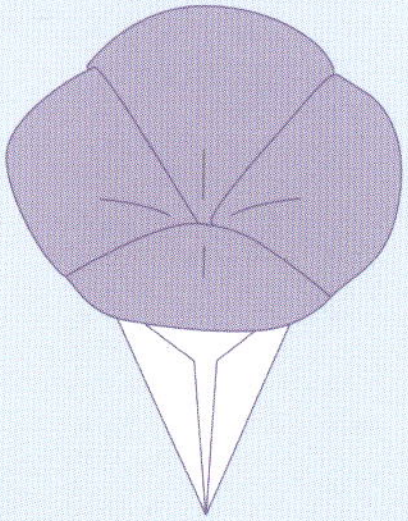

5 Fertig ist die Windenblüte!

Das Blatt

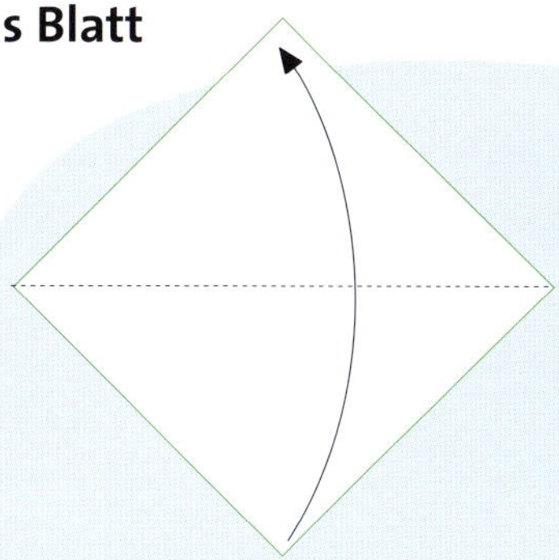

1 Falte eine Talfalte nach oben …

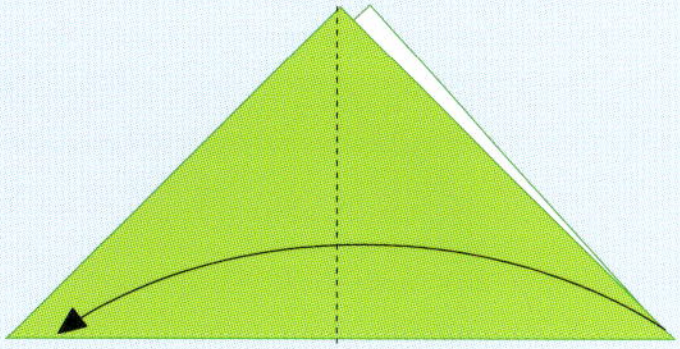

2 … und die rechte Spitze nach links.

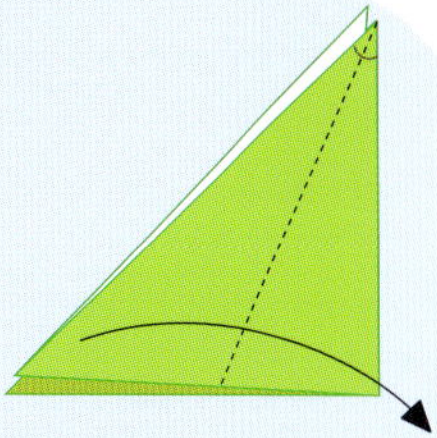

3 Falte die Spitze mit einer Talfalte an die Senkrechte.

4 Die Form wenden.

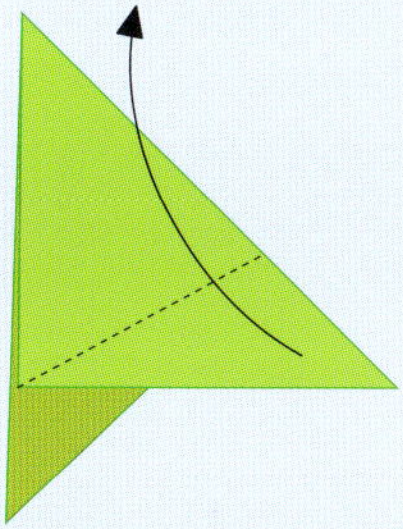

5 Falte eine Talfalte nach oben.

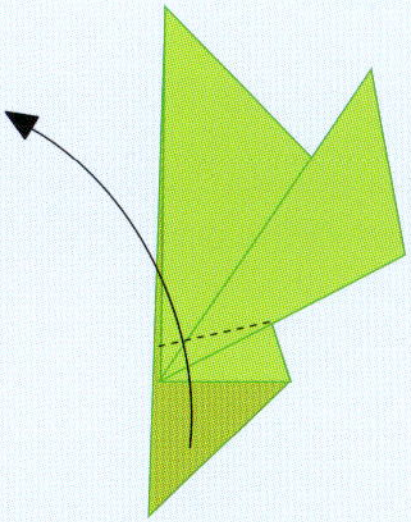

6 Und dasselbe nochmal.

7 Nun faltest du die beiden Ecken mit Talfalten und wendest danach die Form.

8 Dies ist das Windenblatt.

9 Mit etwas Klebstoff befestigst du die Windenblüte am Blatt.

Iris

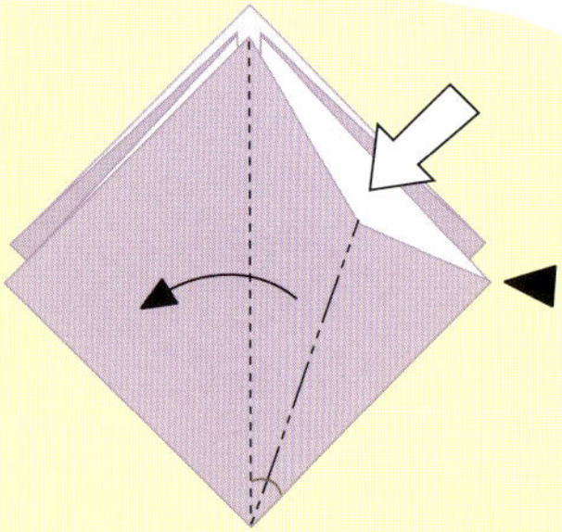

1 Falte zunächst die Grundform (siehe Seite 9). Die Form liegt mit der Öffnung nach oben. Öffne den rechten Flügel, falte ihn nach links und glätte ihn.

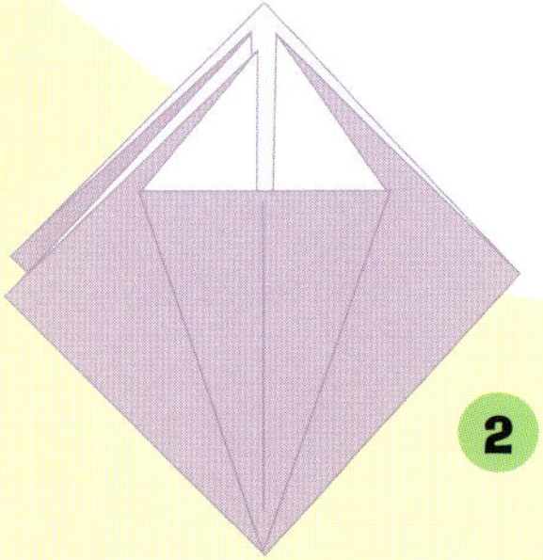

2 Den vorherigen Schritt wiederholst du mit den restlichen drei Flügeln.

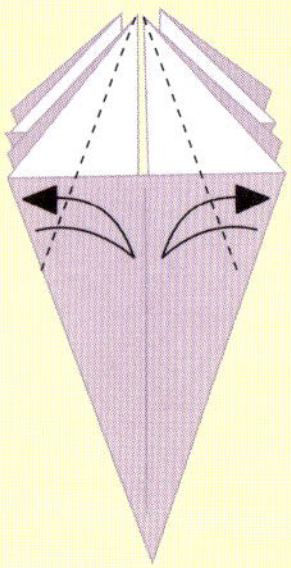

3 Führe Talfalten aus und öffne wieder.

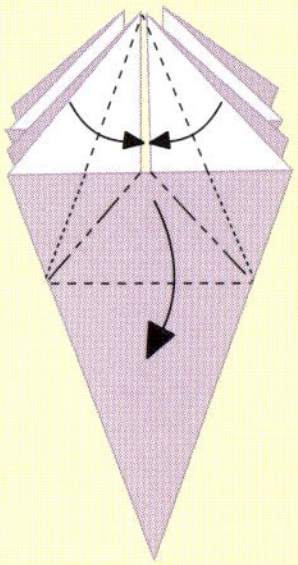

4 Falte an den entstandenen Falzen und gleichzeitig den mittleren Teil nach unten.

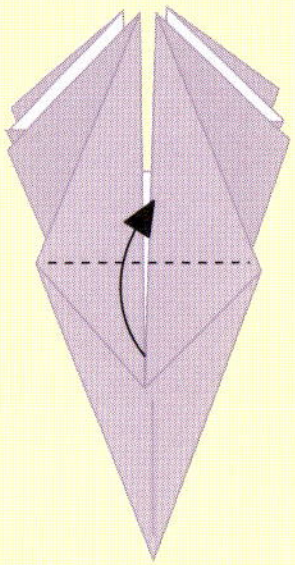

5 Den kleinen Flügel faltest du nach oben.

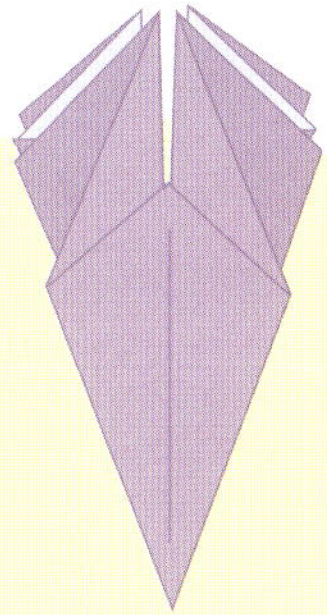

6 So sieht das Ergebnis aus. Wiederhole die Schritte 3 bis 5.

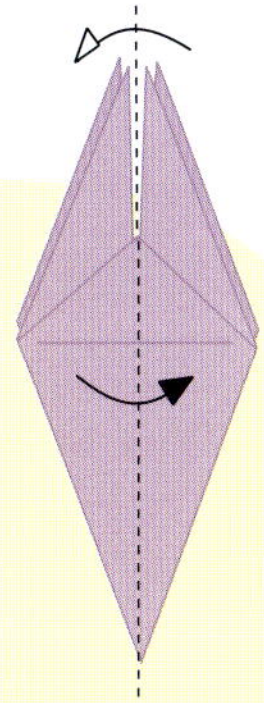

7 Oben: Falte den linken Flügel nach rechts. Unten: Falte genau umgekehrt.

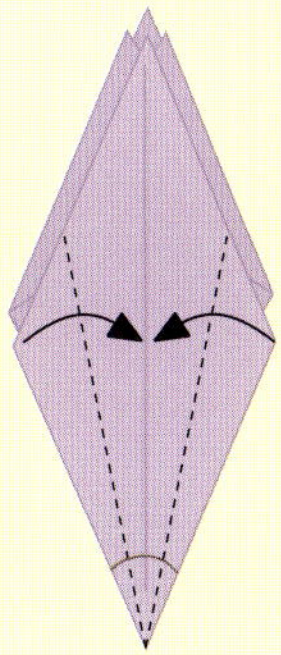

8 Die Ränder führst du mit Talfalten an die Mittellinie.

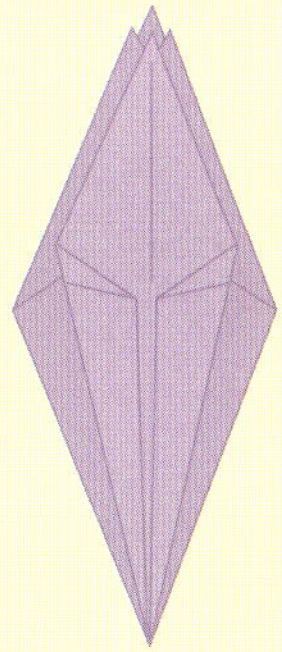

9 Wiederhole Schritt 8 noch dreimal.

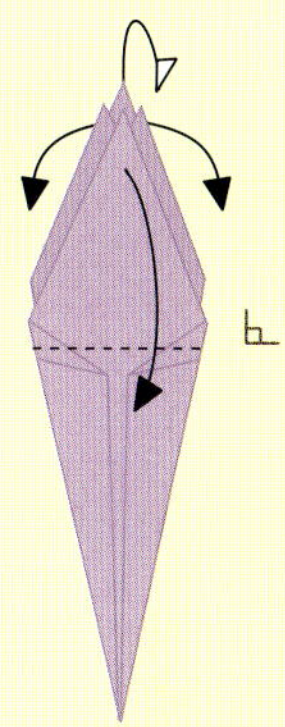

10 Mit vier in rechtem Winkel ausgeführten Talfalten gestaltest du die Blütenblätter.

11 Ist deine Iris nicht schön?

Lilie

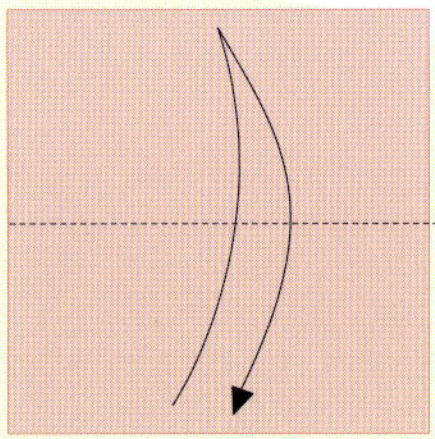

1 Falte eine Talfalte (nicht zu kräftig!) und öffne wieder.

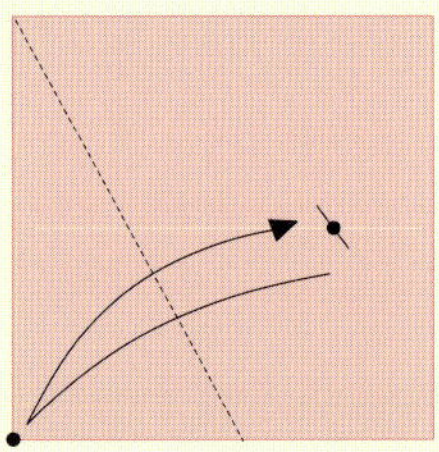

2 Ziehe die linke untere Ecke mit einer Talfalte auf den Punkt auf der Mittellinie. Dann öffnest du wieder.

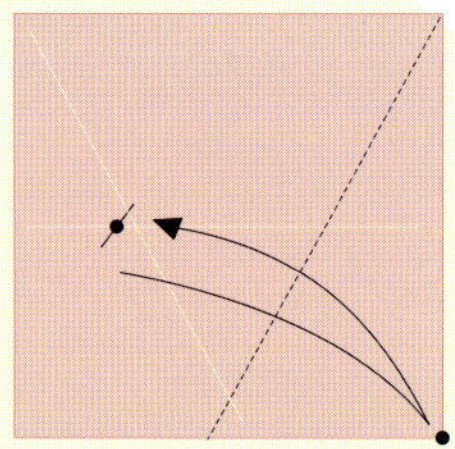

3 Nun ziehst du die rechte untere Ecke mit einer Talfalte auf den Punkt auf der Mittellinie und öffnest danach wieder.

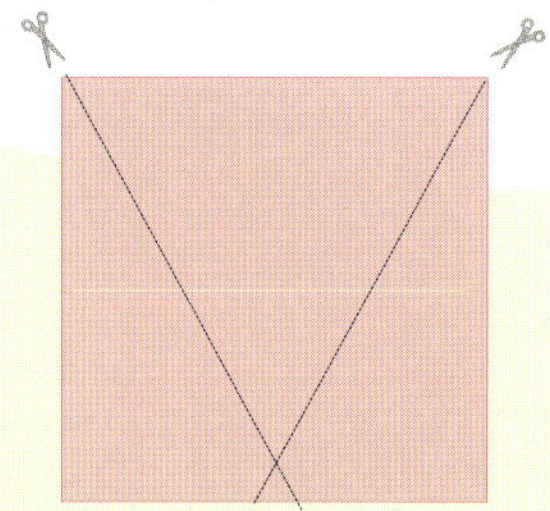

4 Schneide entlang der entstandenen Falze, sodass du ein gleichseitiges Dreieck erhältst.

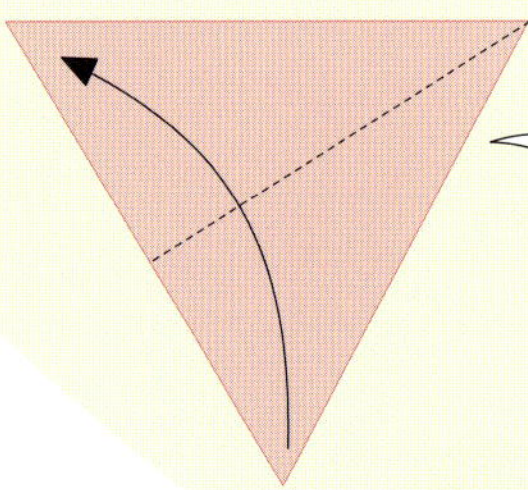

5 Eine Talfalte.

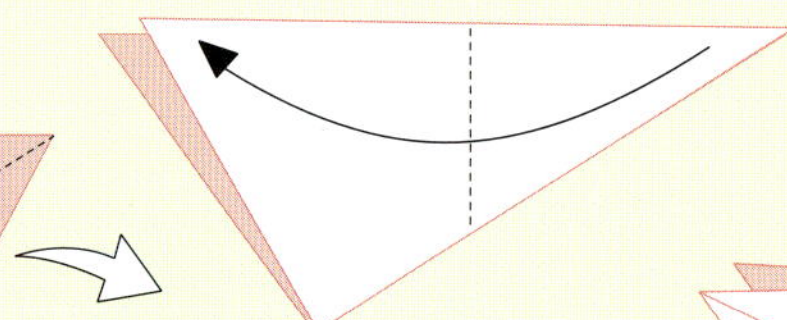

6 Mit einer Talfalte führst du die rechte Spitze nach links.

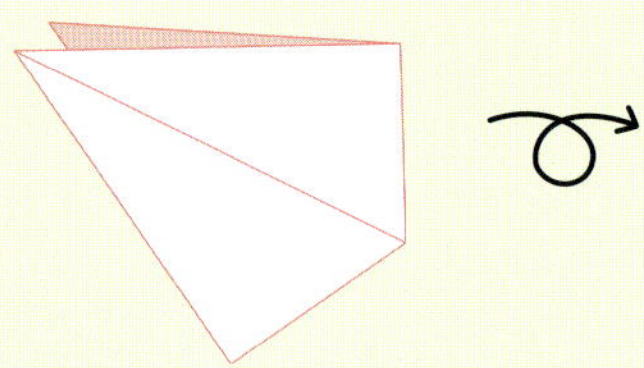

7 Die Form wenden.

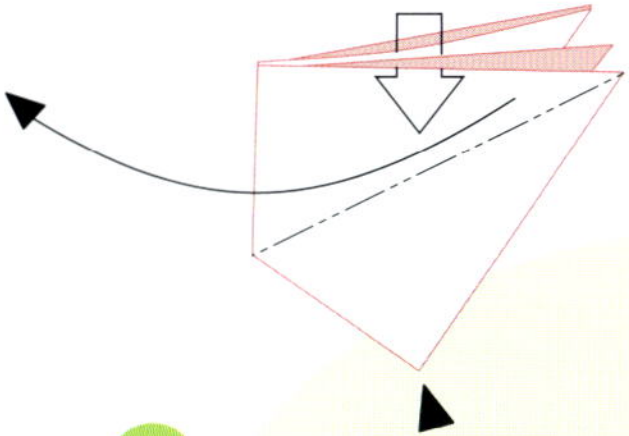

8 Drücke und klappe gleichzeitig den Flügel nach links, dann glättest du die Form.

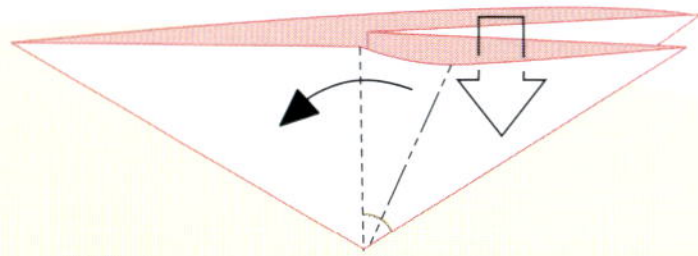

9 Öffne die oberste Tasche, falte sie und glätte sie.

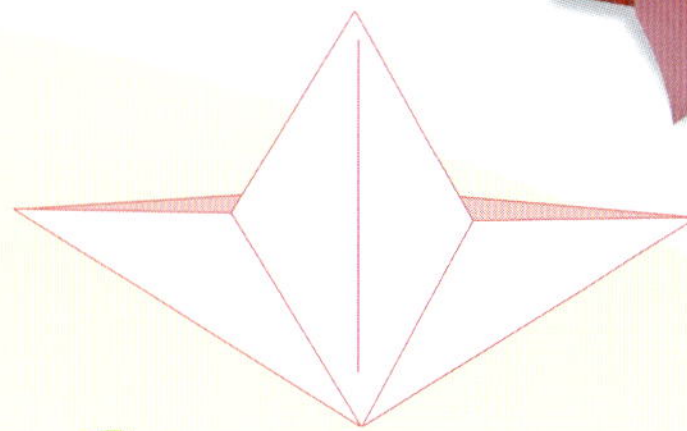

10 So sieht das Ergebnis aus. Wiederhole Schritt 9 auf der Rückseite, links und rechts.

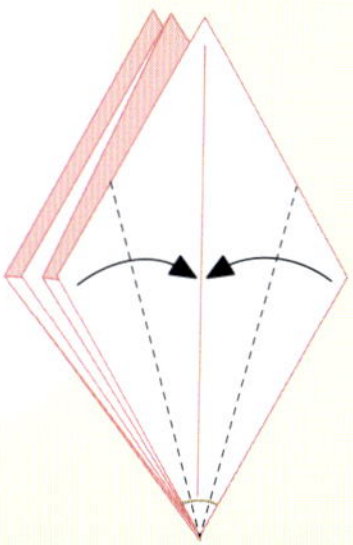

11 Mit Talfalten führst du die Ränder an die Mittellinie.

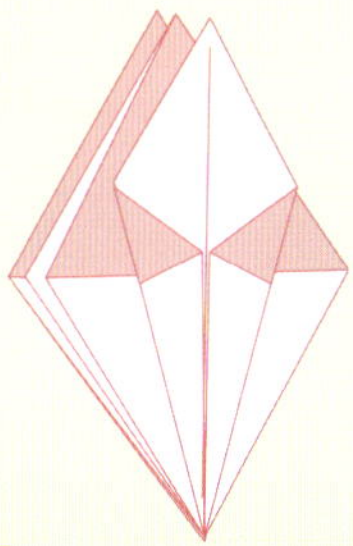

12 Wiederhole Schritt 11 mit den anderen Flügeln.

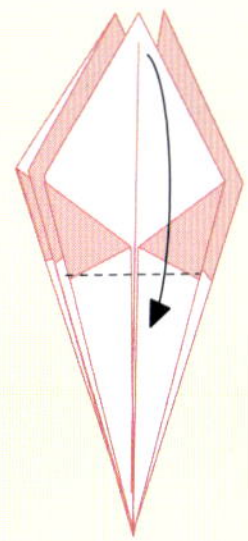

13 Du führst die Spitze mit einer Talfalte nach unten.

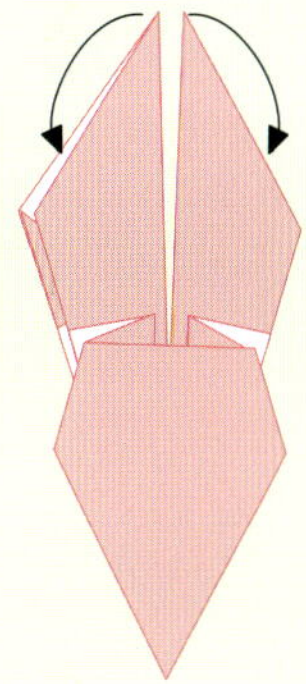

14 Falte die beiden anderen Spitzen nach unten.

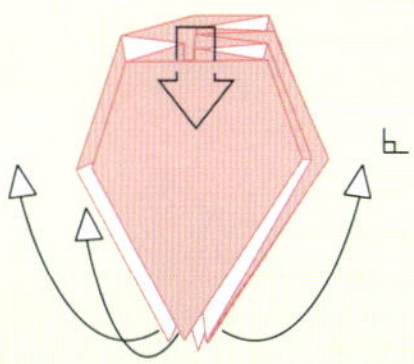

15 Nun öffnest du oben und richtest die drei Spitzen im rechten Winkel auf: Das sind die Blütenblätter.

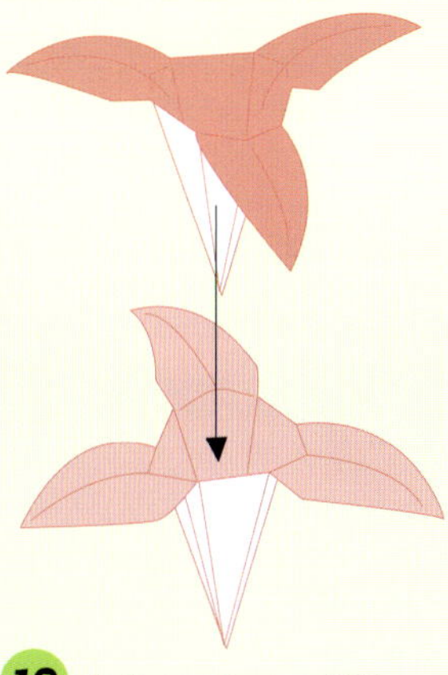

16 Falte noch eine Blüte. Stecke beide ineinander.

17 So sieht die fertige Lilie aus.

Ananas

Die Frucht

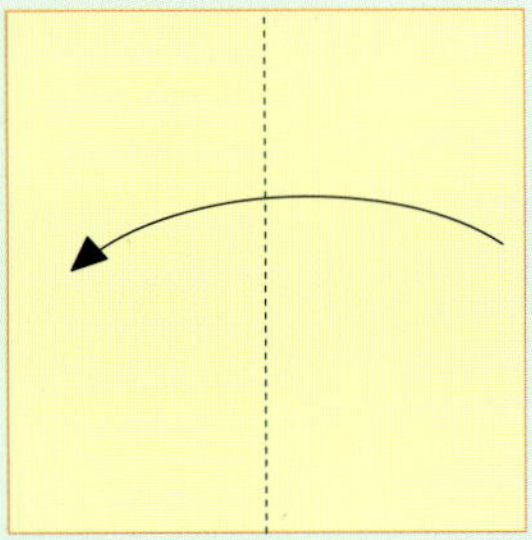

1 Beginne mit einer Talfalte.

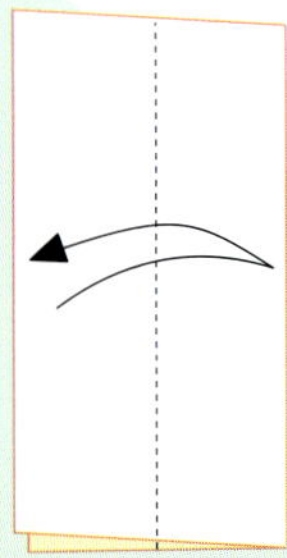

2 Mit einer Talfalte unterteilst du die Form in zwei gleiche Hälften und öffnest wieder.

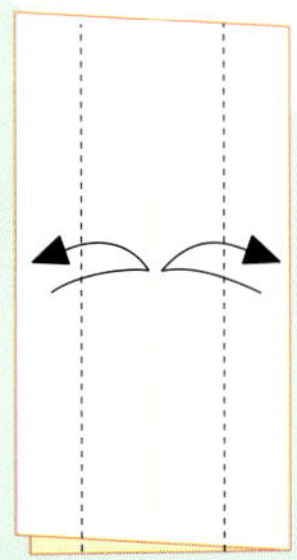

3 Nun unterteilst du die Form mit zwei Talfalten in vier gleiche Teile und öffnest wieder.

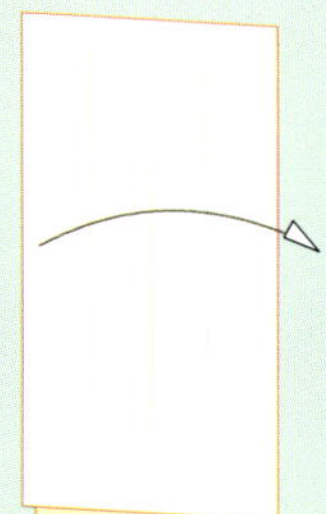

4 Klappe die Form ganz auf.

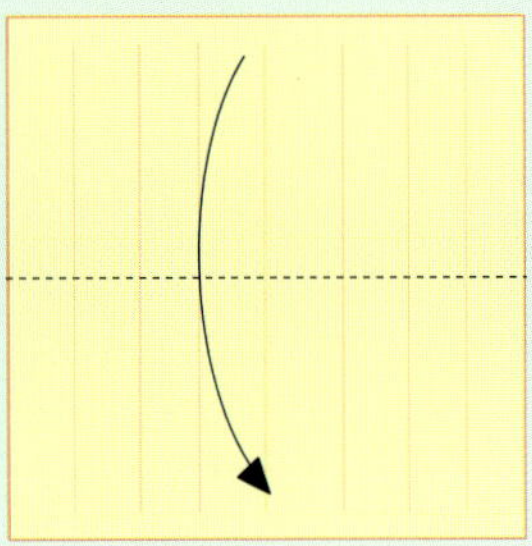

5 Eine Talfalte.

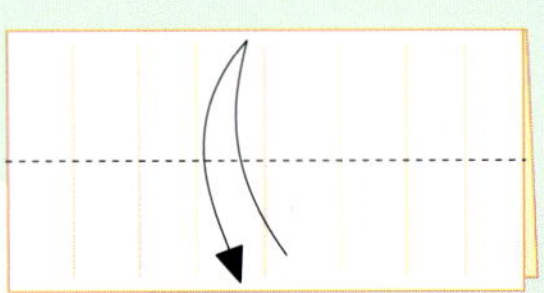

6 Unterteile die Form mit einer Talfalte in zwei Hälften. Öffne.

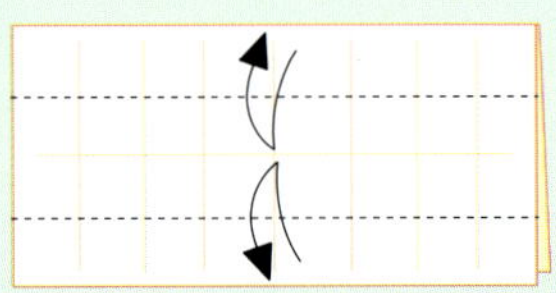

7 Mit Talfalten unterteilst du die Form in vier gleiche Teile. Öffne.

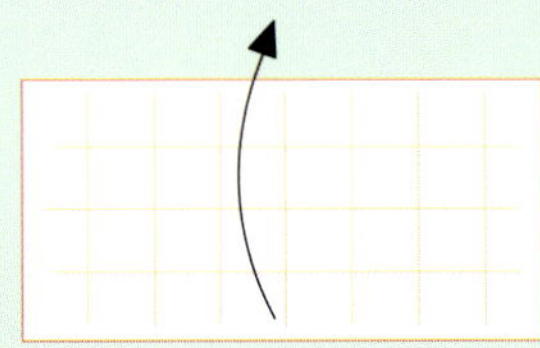

8 Die Form wieder aufklappen.

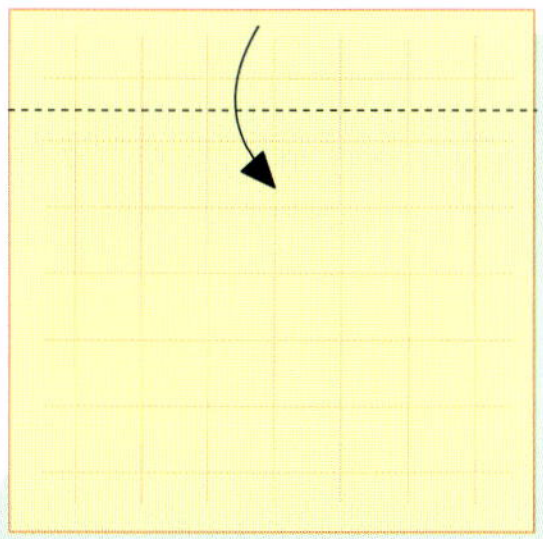

9 Du siehst 8 senkrechte und 8 waagerechte Linien. Falte den oberen Rand auf die dritte Linie.

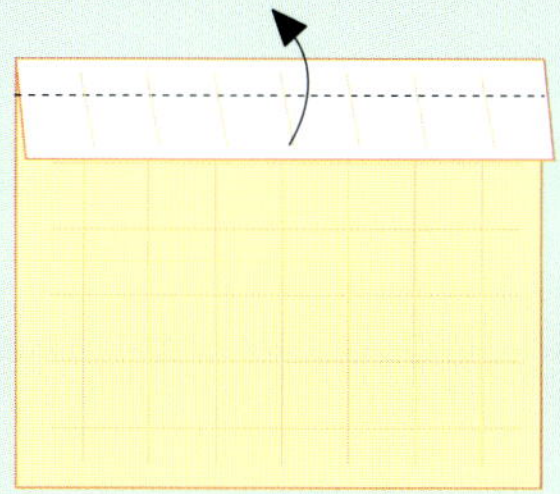

10 Führe eine Talfalte nach oben aus.

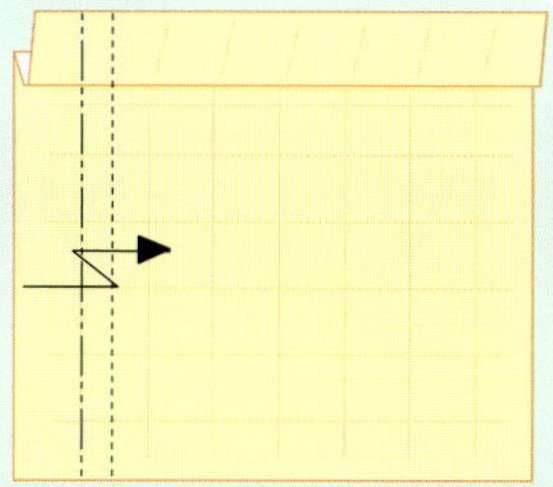

11 Es folgt eine Doppelfaltung.

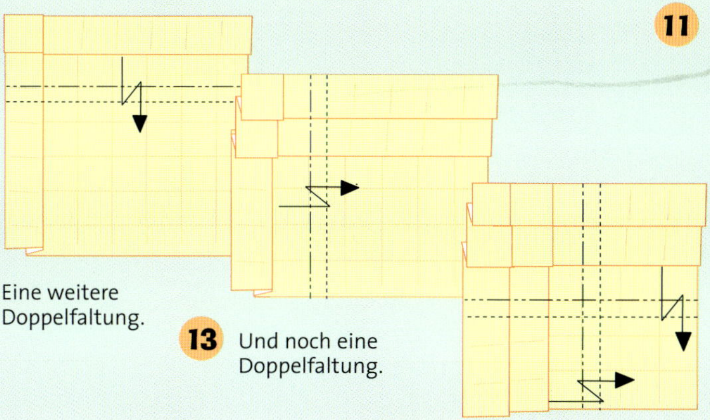

12 Eine weitere Doppelfaltung.

13 Und noch eine Doppelfaltung.

14 Hier führst du nacheinander zwei Doppelfaltungen aus.

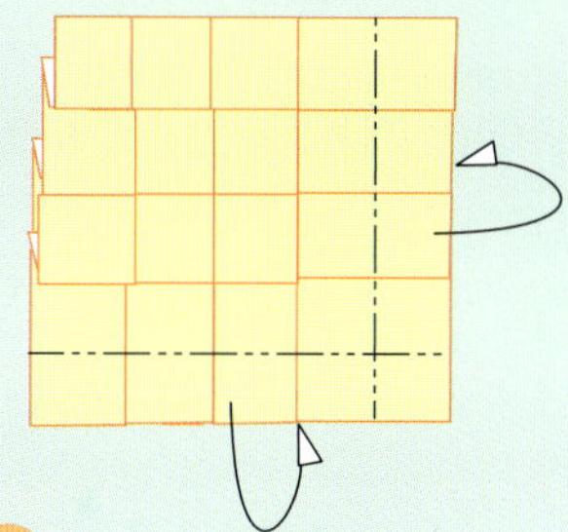

15 Du faltest unten und rechts Bergfalten …

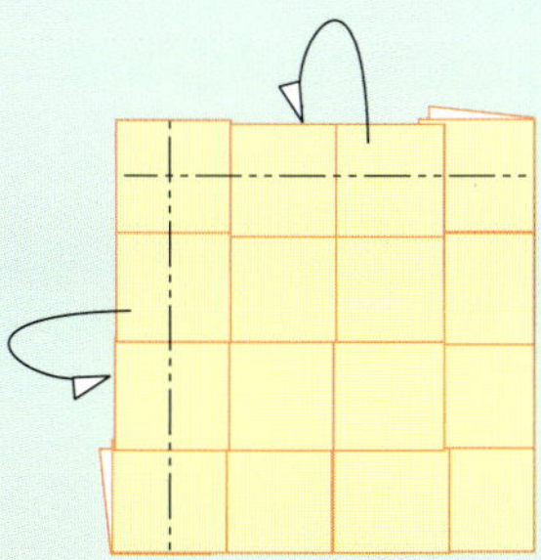

16 … und oben und links Bergfalten.

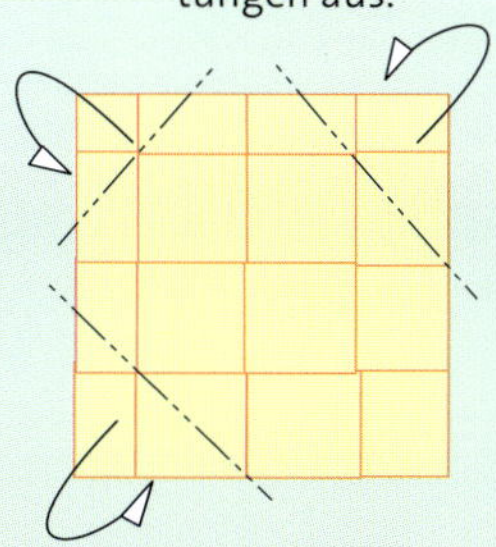

17 Falte die drei Ecken mit Bergfalten.

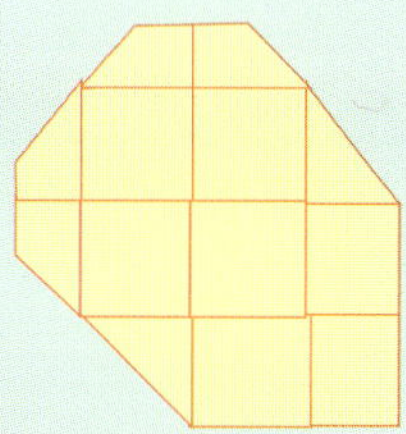

18 Dies ist deine Ananasfrucht. Blättere um.

Die Blätter

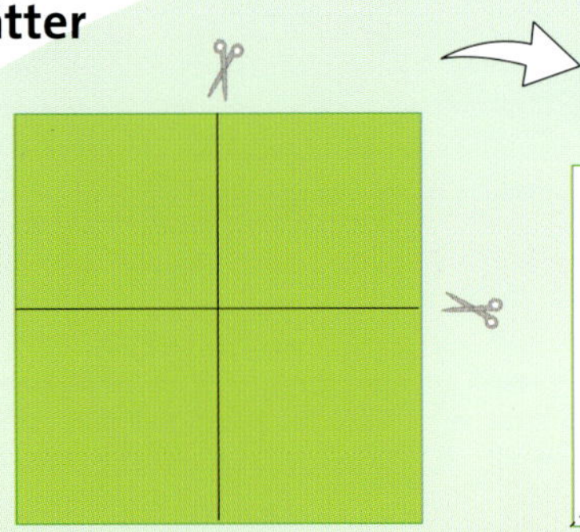

1 Schneide das Blatt in vier Teile.

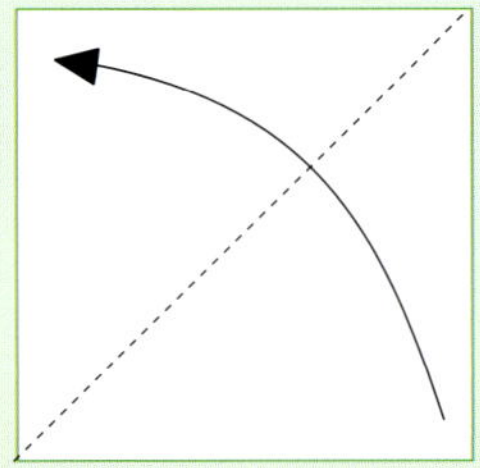

2 Du legst ein Quadrat mit der hellgrünen Seite nach oben auf die Arbeitsfläche und führst eine Talfalte aus.

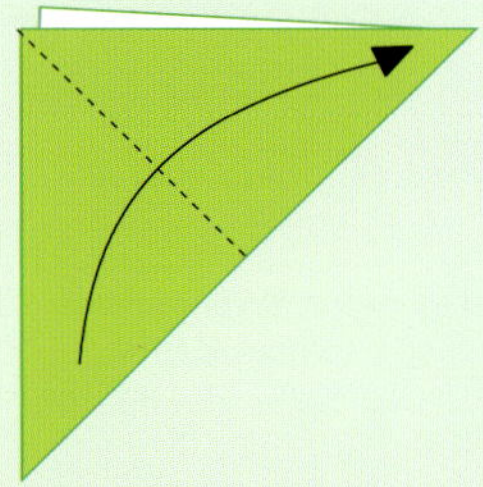

3 Und noch eine Talfalte.

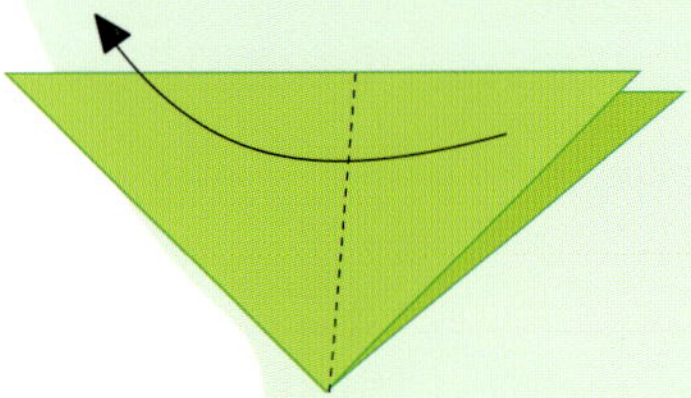

4 Du führst eine Talfalte aus.

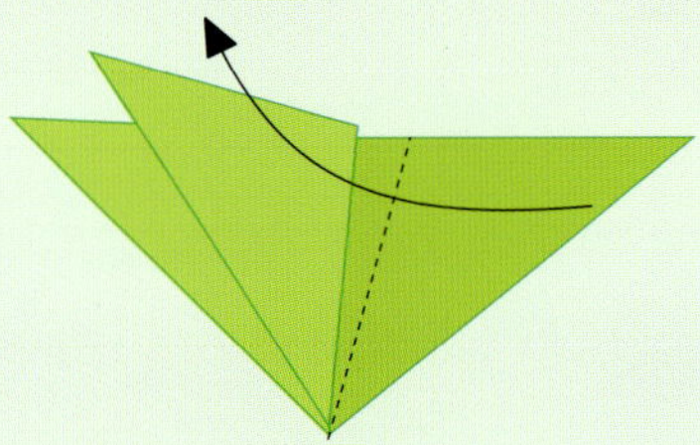

5 Eine Talfalte ...

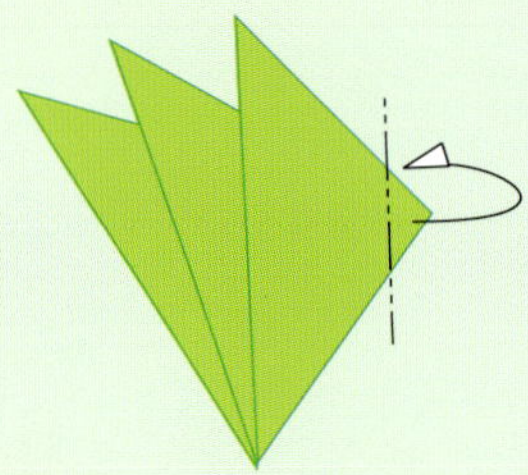

6 ... und eine Bergfalte.

7 Fertig sind die Blätter.

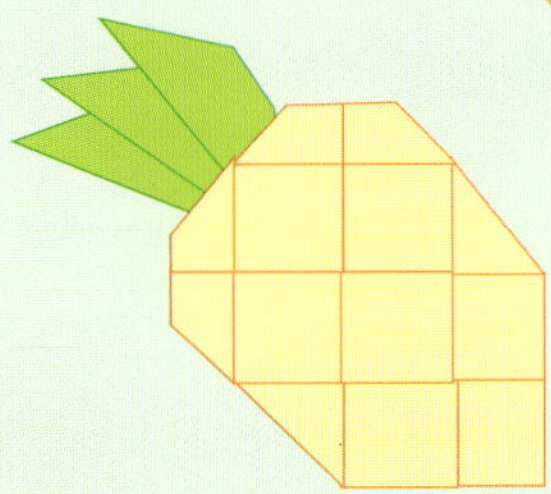

8 Nun steckst du noch die Spitze der Blätter in eine Tasche an der Rückseite der Ananasfrucht.

Karotte

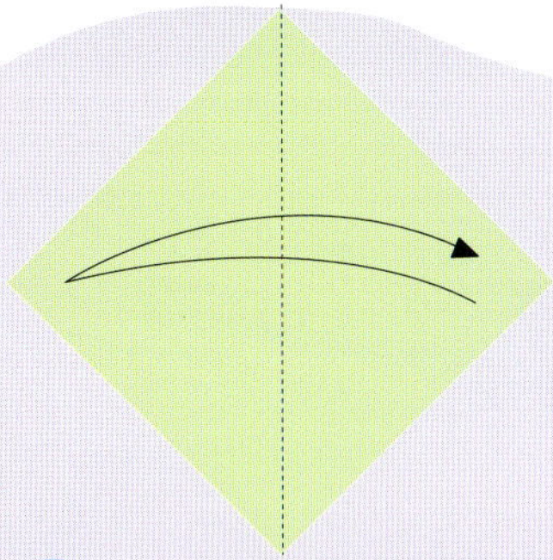

1 Führe eine Talfalte aus und öffne wieder.

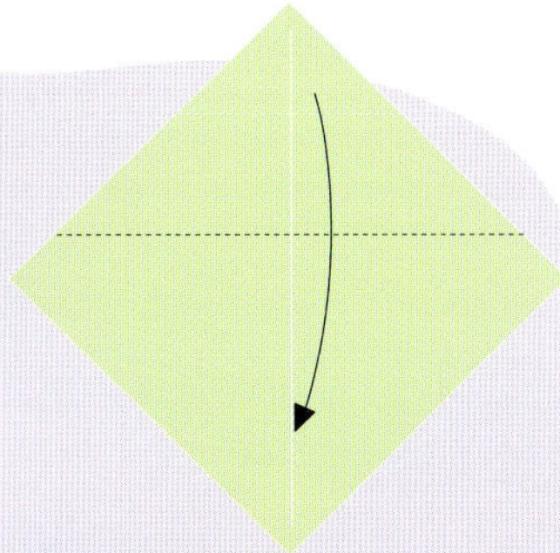

2 Es folgt eine Talfalte.

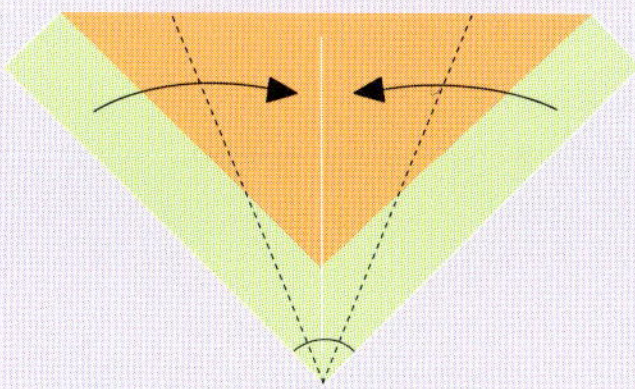

3 Mit Talfalten führst du die Ränder an die Mittellinie.

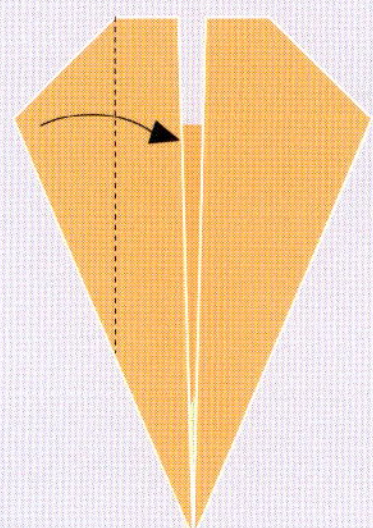

4 Eine Talfalte.

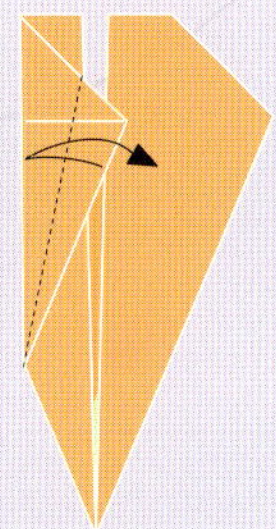

5 Führe eine Talfalte aus und öffne.

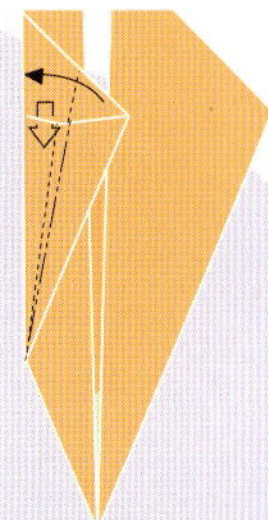

6 Du öffnest den Flügel, klappst ihn nach links und glättest ihn.

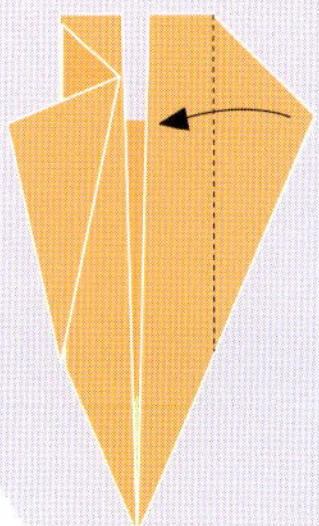

7 Wiederhole rechts die Schritte 4 bis 6.

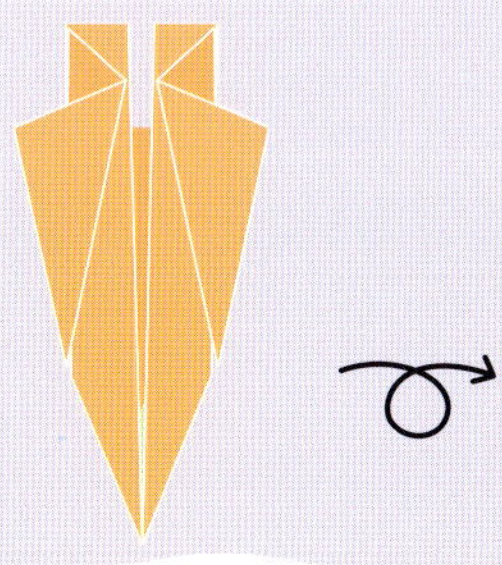

8 So sieht die Form nun aus. Wende sie.

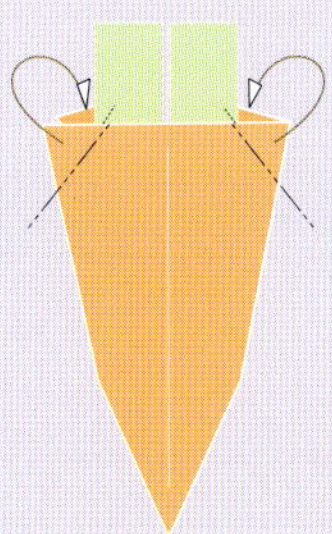

9 Die Ecken faltest du mit Bergfalten.

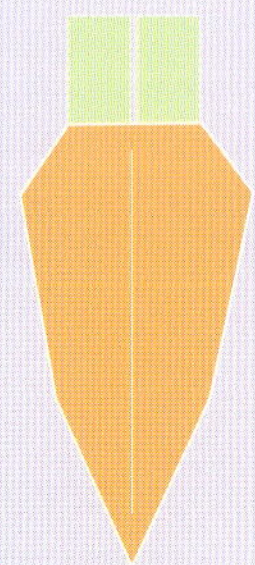

10 Fertig ist deine Karotte!

Hemd

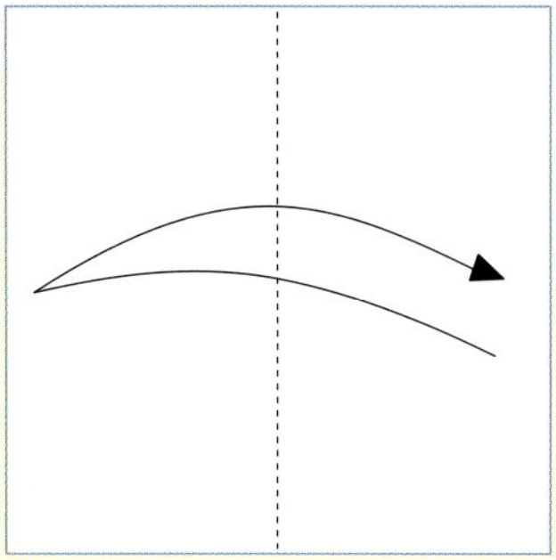

1 Es geht los mit einer Talfalte. Öffne wieder.

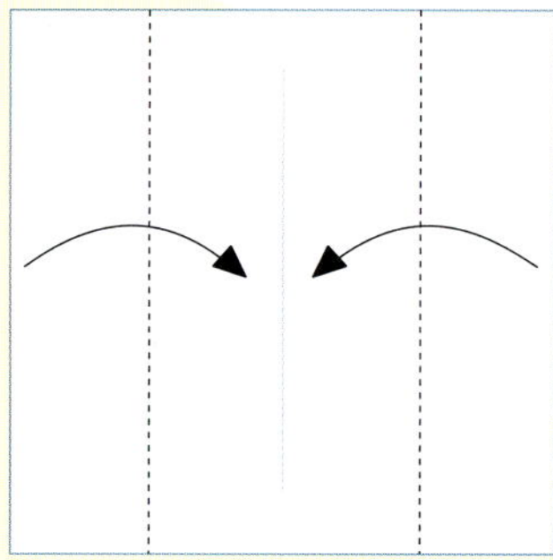

2 Die Ränder faltest du mit Talfalten an die Mittellinie.

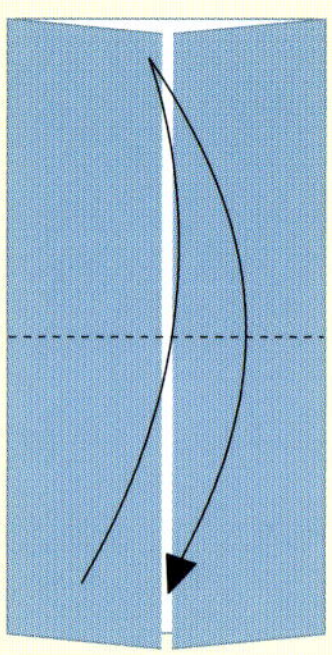

3 Du führst eine leichte Talfalte aus und öffnest wieder.

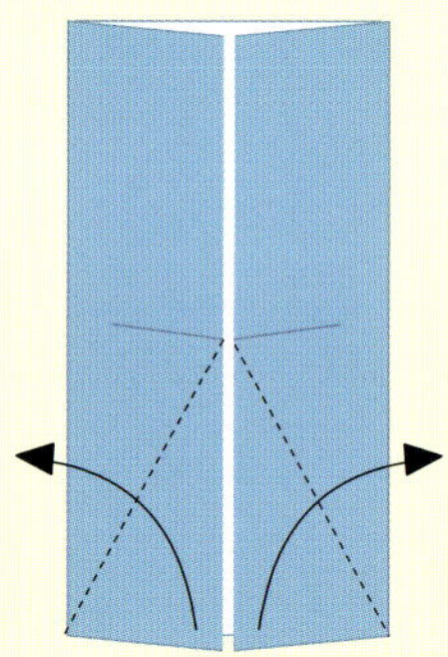

4 Öffne die beiden inneren Ecken mit Talfalten.

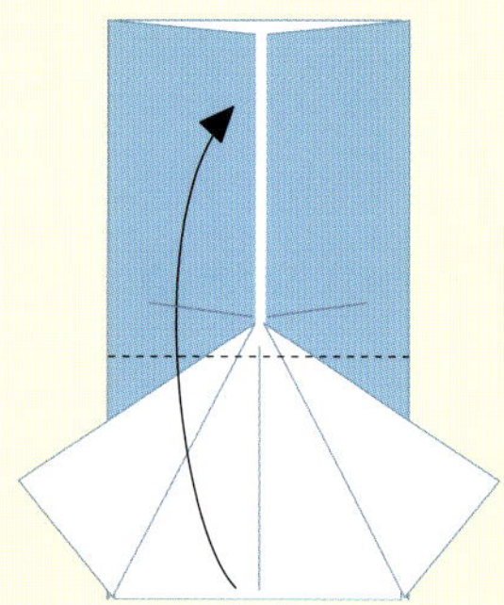

5 Du führst eine Talfalte nach oben aus.

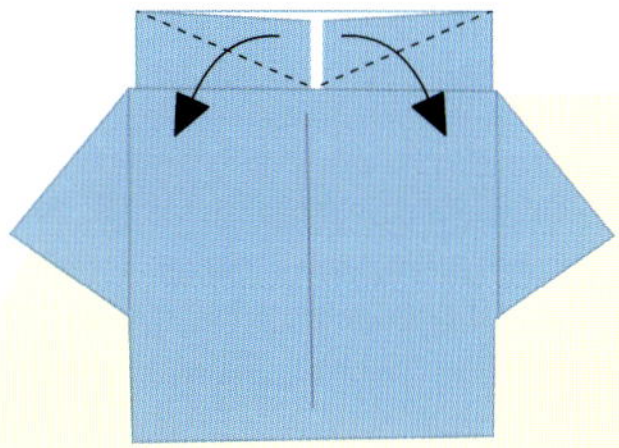

6 Führe Talfalten aus.

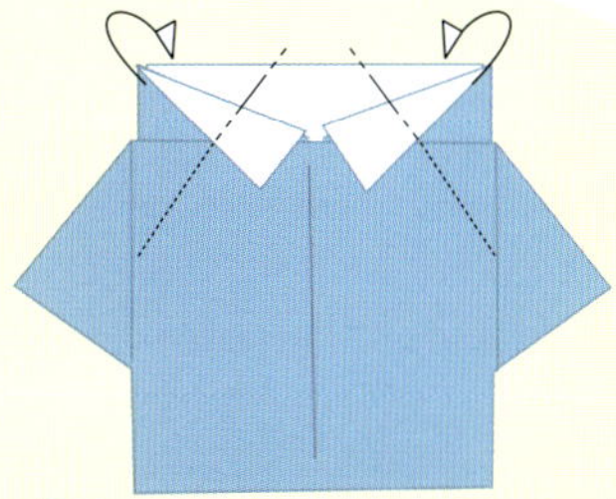

7 Du führst Bergfalten aus und wendest danach die Form.

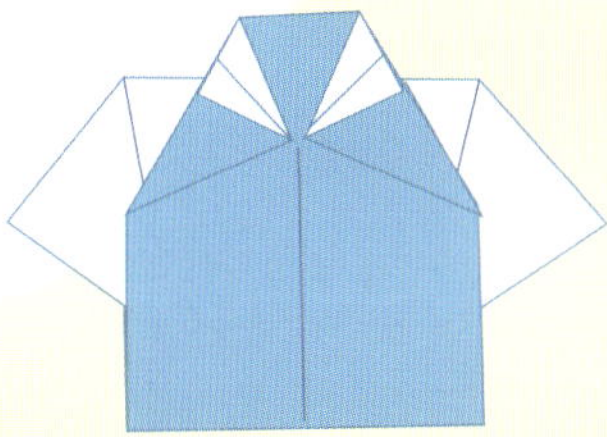

8 Berühren sich die beiden Spitzen in der Mitte? Wende die Form.

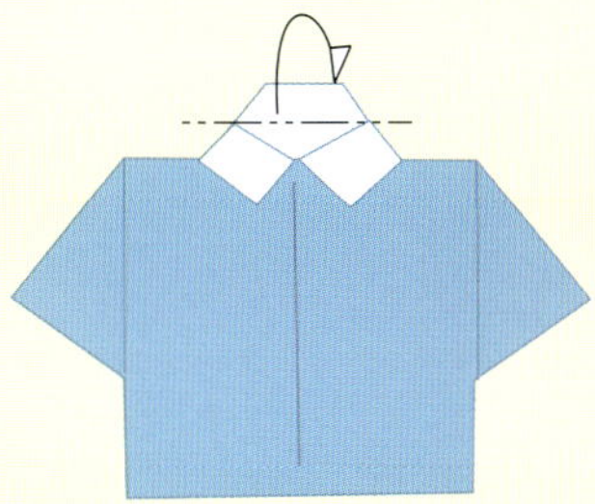

9 Eine Bergfalte.

10 An beiden Ecken führst du Bergfalten aus.

11 Hier hast du ein hübsches Hemd.

Kimono

1 Unterteile ein quadratisches Blatt in drei gleiche Teile und schneide einen Teil ab.

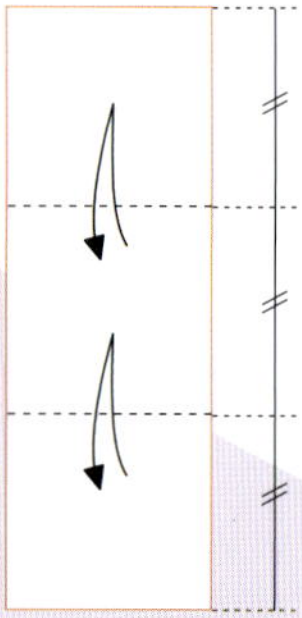

2 Das entstandene Rechteck unterteilst du in drei gleiche Teile.

3 Eine Bergfalte.

4 Zwei Talfalten.

Vergrößerung:

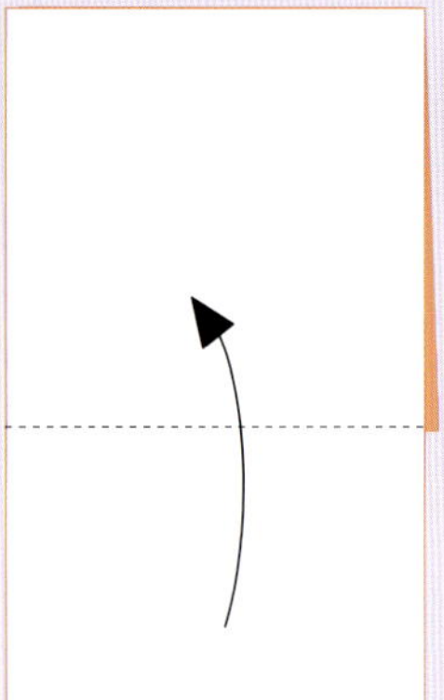

5 Eine Talfalte.

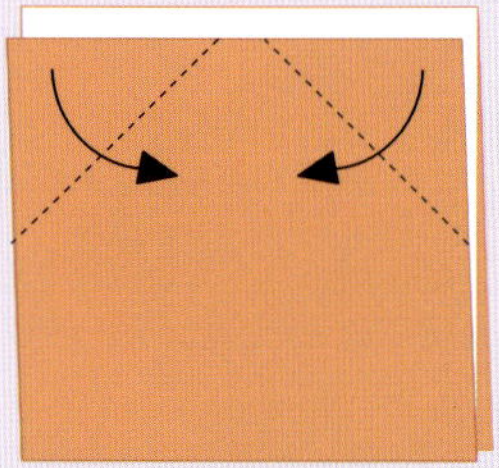

6 Es folgen symmetrische Talfalten ...

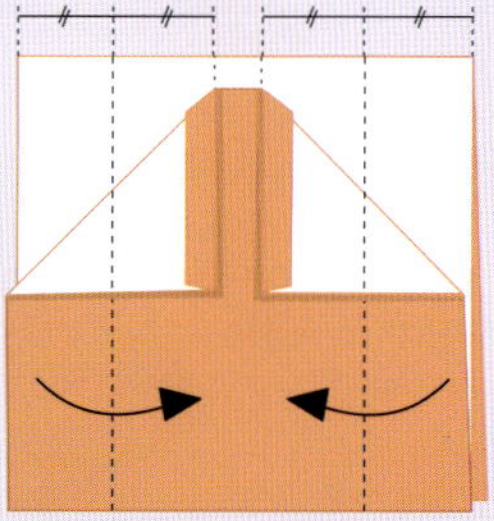

7 ... und weitere symmetrische Talfalten.

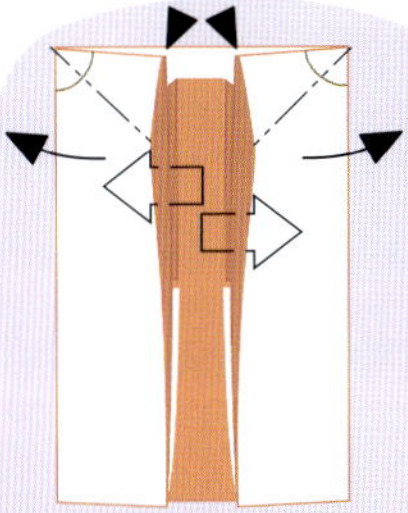

8 Ziehe die Form auseinander, drücke die Spitzen nach unten und glätte sie.

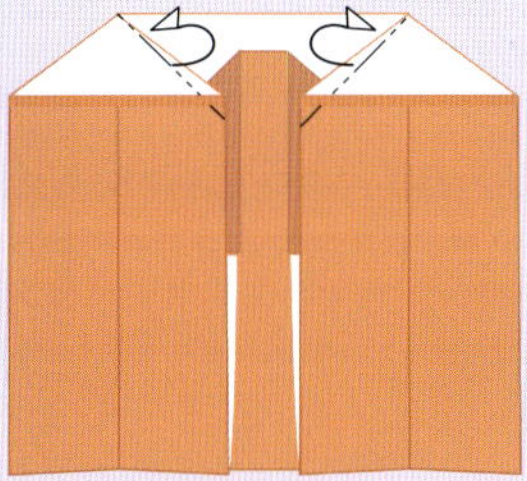

9 Führe Bergfalten aus ...

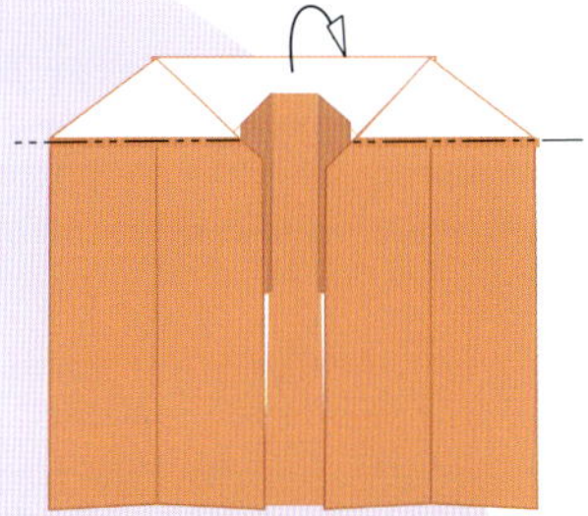

10 ...und noch eine Bergfalte. Spare den Kragen dabei aus!

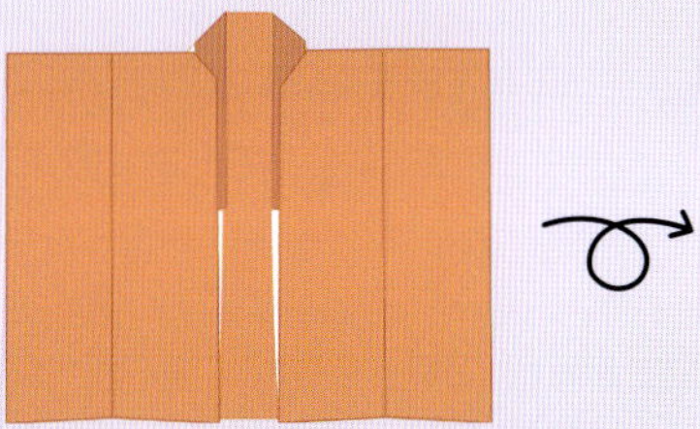

11 Die Form wenden.

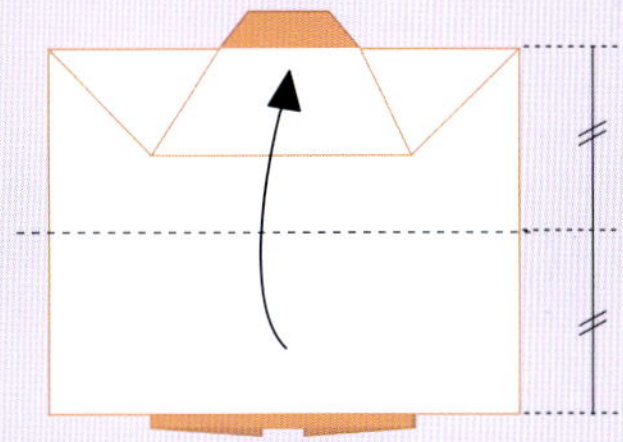

12 Mit einer Talfalte ziehst du den unteren Rand unter den Flügel.

13 Wende die Form.

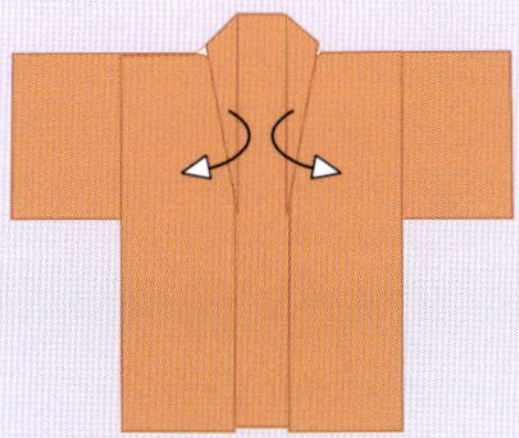

14 Ziehe nun den Kragen hervor; dafür brauchst du keine Faltung.

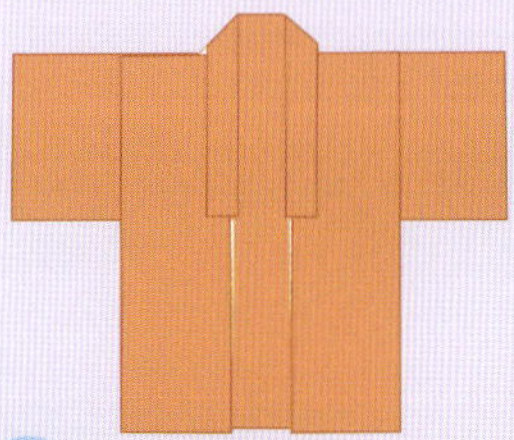

15 Und fertig ist dein Kimono!

Hose

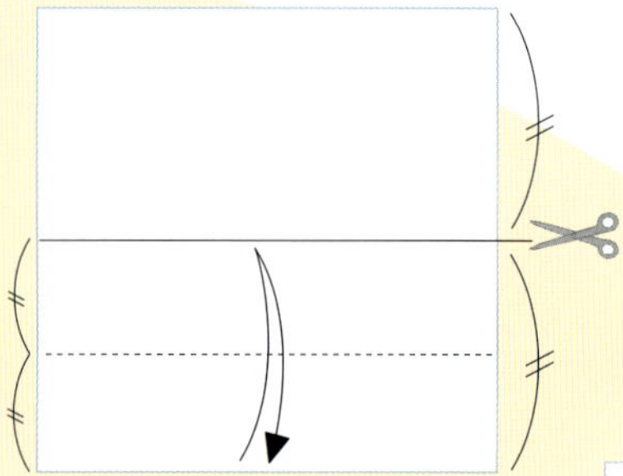

1 Du unterteilst ein quadratisches Blatt in zwei gleiche Hälften. Dann führst du eine Talfalte aus und öffnest wieder.

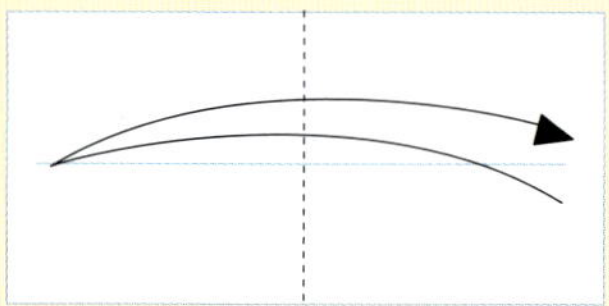

2 Falte eine weitere Talfalte und öffne wieder.

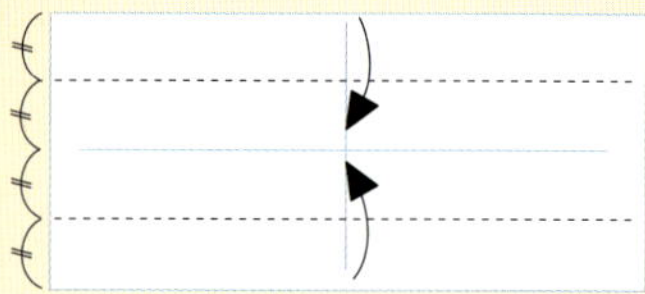

3 Falte die Ränder mit Talfalten an die Mittellinie.

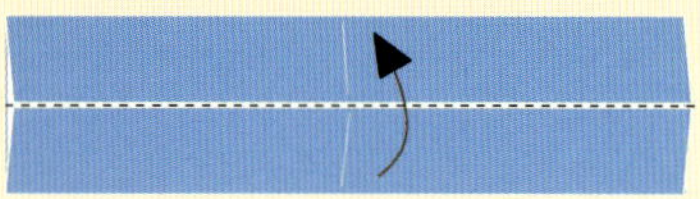

4 Die Form in der Mitte falten.

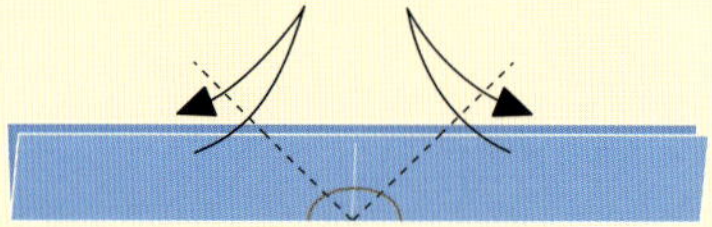

5 Du faltest zwei kräftige Talfalten und öffnest wieder.

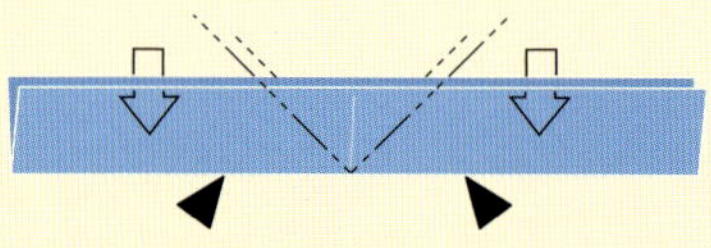

6 Du führst zwei Gegenbruchfalten nach innen (siehe Seite 8) aus.

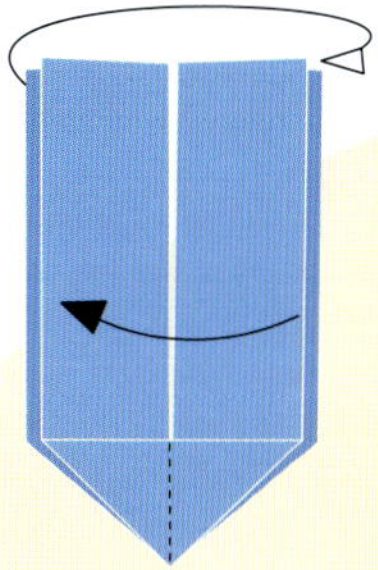

7 Oben: Klappe den rechten Flügel nach links. Unten: Klappe den linken Flügel nach rechts.

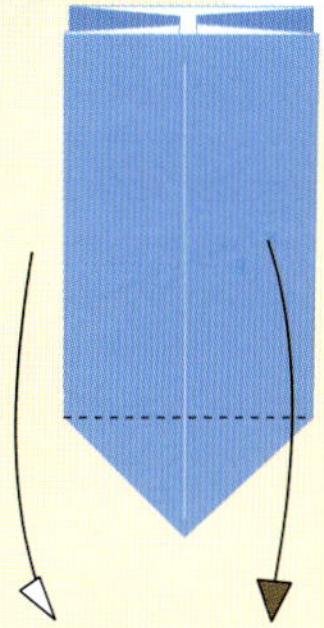

8 Du faltest vorn und hinten.

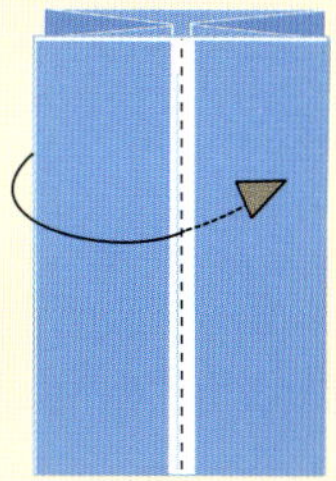

9 Den linken Flügel steckst du in die rechte Tasche hinein.

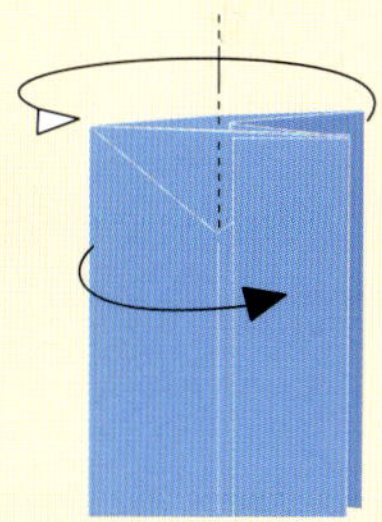

10 Oben: Klappe den linken Flügel nach rechts. Unten: Klappe den rechten Flügel nach links.

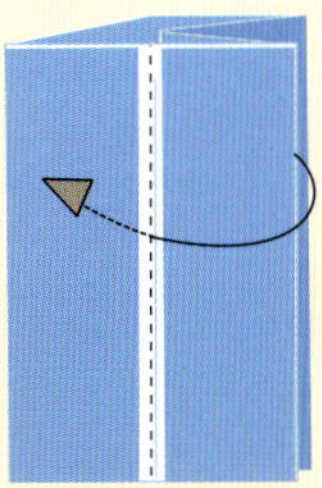

11 Den rechten Flügel steckst du in die linke Tasche hinein.

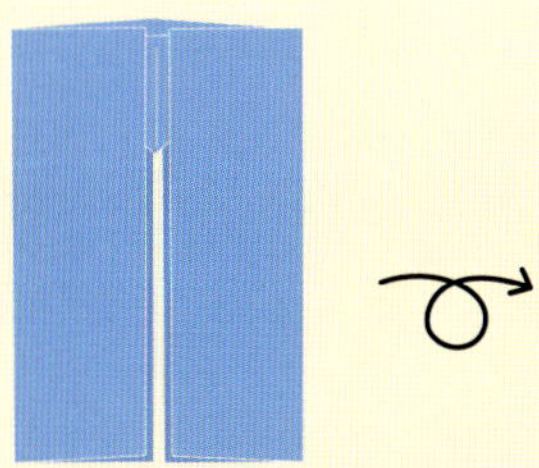

12 Die Form wenden.

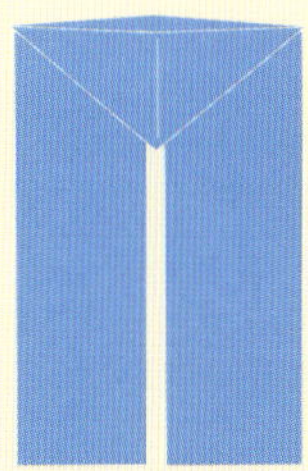

13 Deine neue Hose ist fertig!

Nikolausstiefel

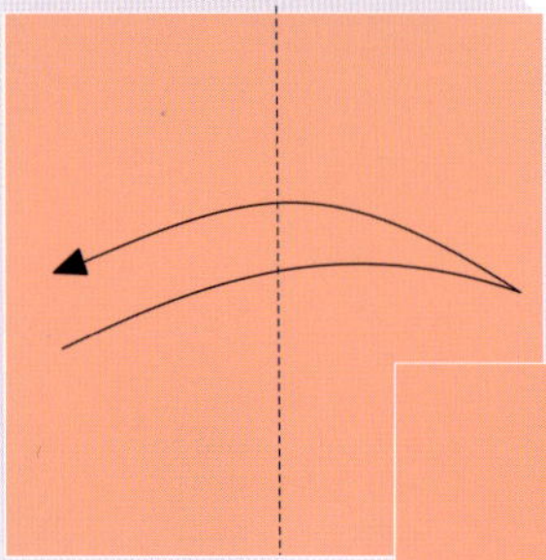

1 Falte eine Talfalte und öffne wieder.

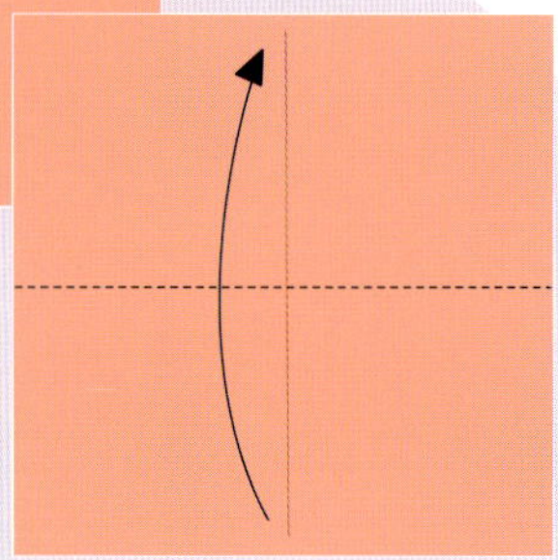

2 Es folgt noch eine Talfalte.

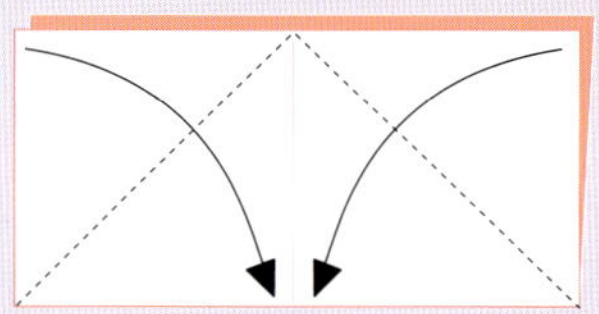

3 Beide Ecken faltest du mit Talfalten nach unten.

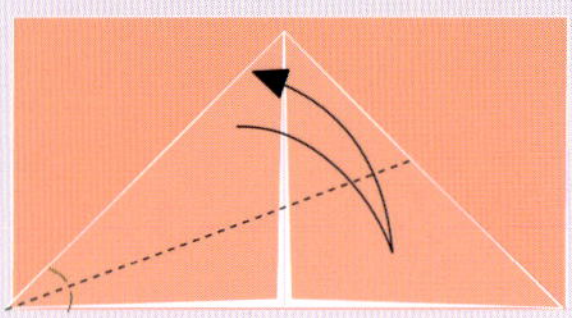

4 Du ziehst die Spitze mit einer Talfalte an den unteren Rand und öffnest wieder.

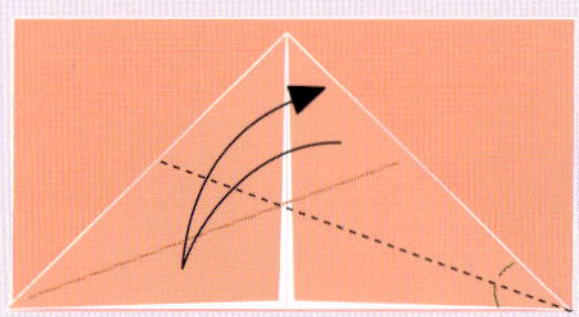

5 Wiederhole rechts Schritt 4.

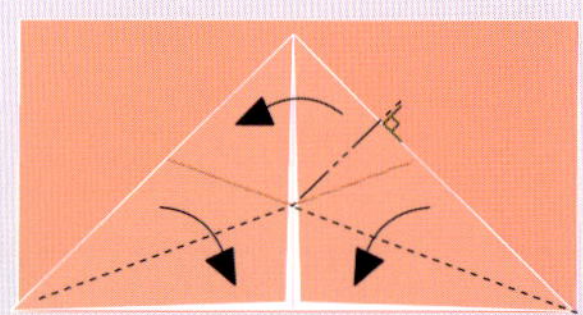

6 Du führst eine Hasenohrfaltung aus (siehe Seite 8). Die kleine Bergfalte ergibt sich dabei ganz von selbst.

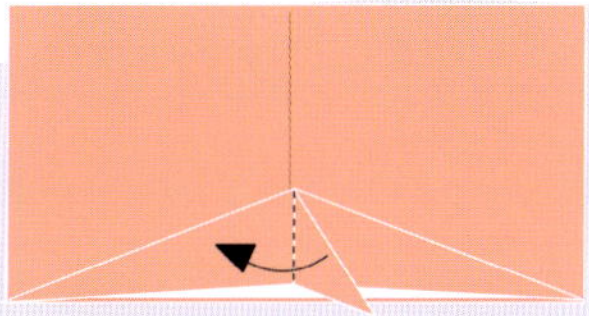

7 Die kleine Spitze klappst du nach links.

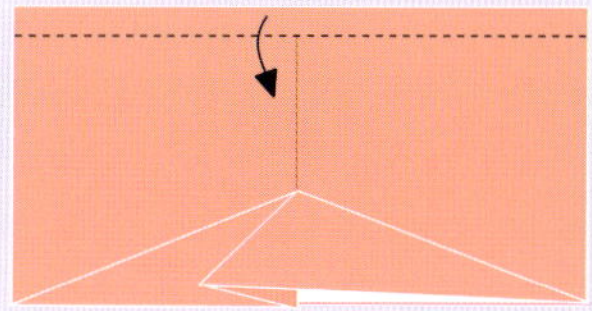

8 Eine Talfalte.

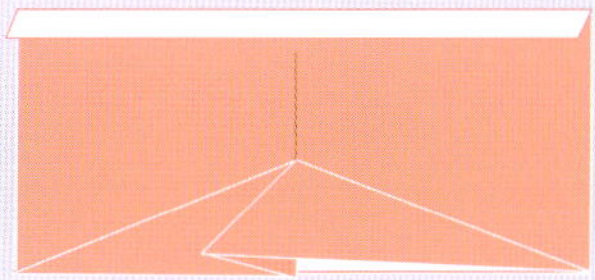

9 Die Form wenden.

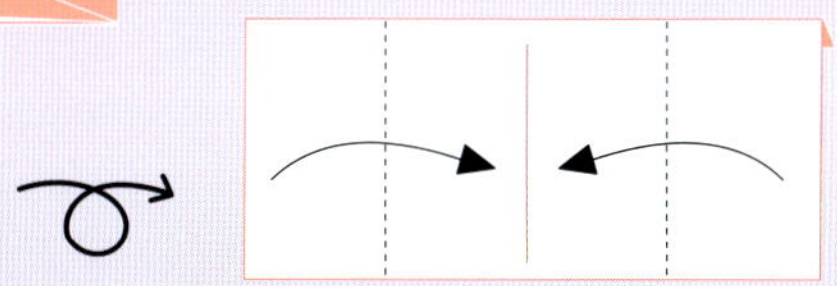

10 Mit Talfalten faltest du die Ränder an die Mittellinie.

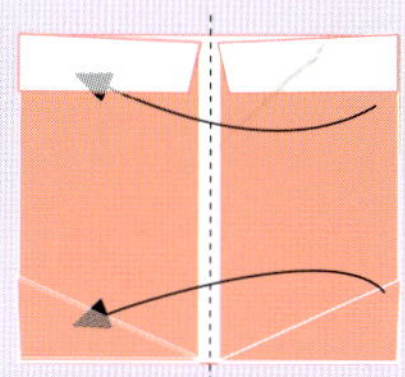

11 Falte die Form in der Mitte und stecke die Ecken in die Taschen hinein.

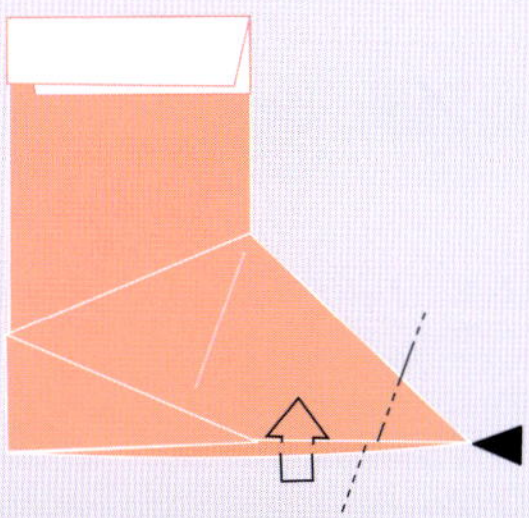

12 Hier folgt eine Gegenbruchfalte nach innen (siehe Seite 8).

13 Die Form wenden.

14 Der Nikolaus kann kommen!

Schachtel

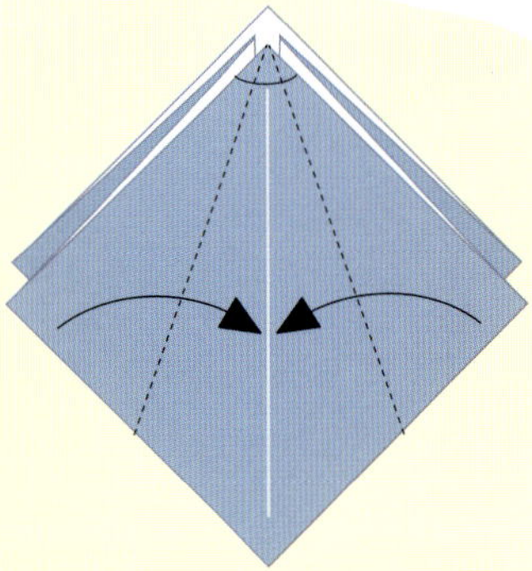

1 Du beginnst mit der Grundform (siehe Seite 9). Die Form liegt mit der Öffnung nach oben. Falte die Ränder mit Talfalten an die Mittellinie.

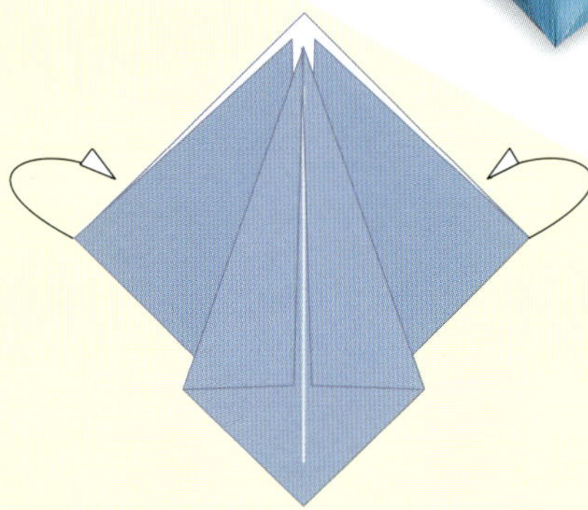

2 Wiederhole die Faltung hinten.

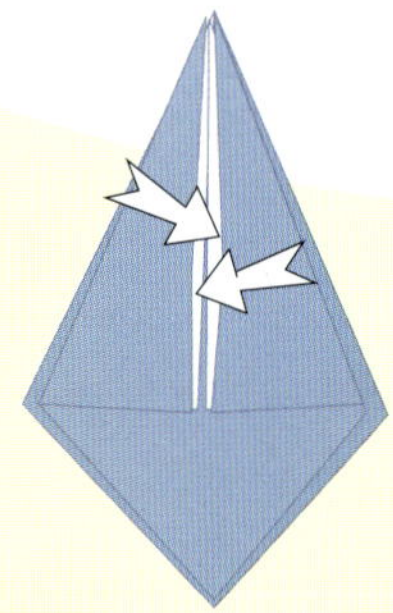

3 Öffne die Tasche und glätte sie. Wiederhole den Schritt hinten.

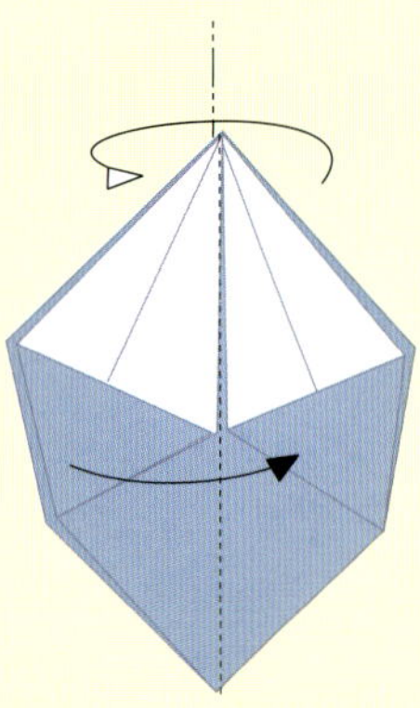

4 Oben: Klappe den linken Flügel nach rechts. Unten: Klappe den rechten Flügel nach links.

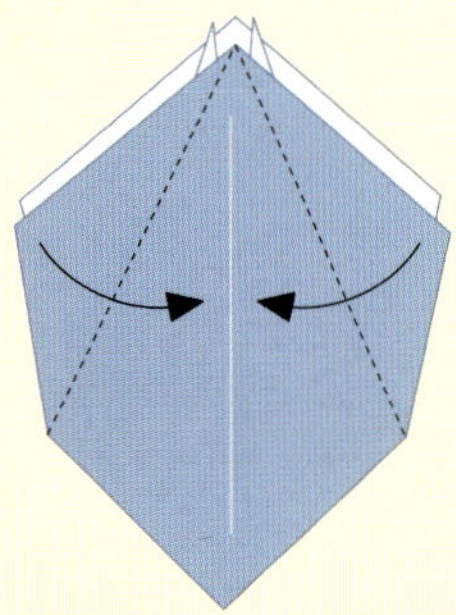

5 Du faltest an den entstandenen Falzen.

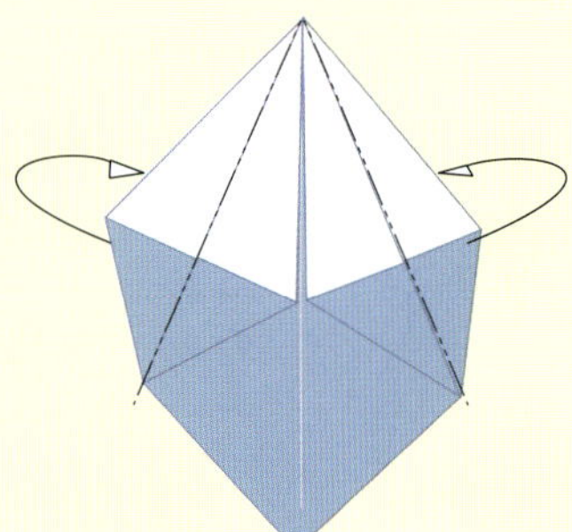

6 Den Schritt hinten wiederholen.

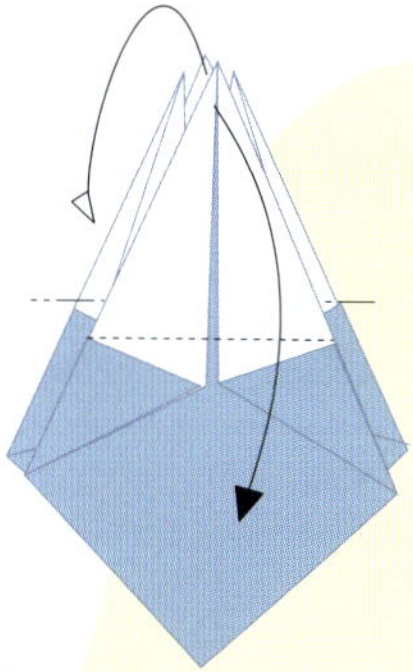

7 Die Spitze faltest du mit einer Talfalte nach unten und wiederholst den Schritt hinten.

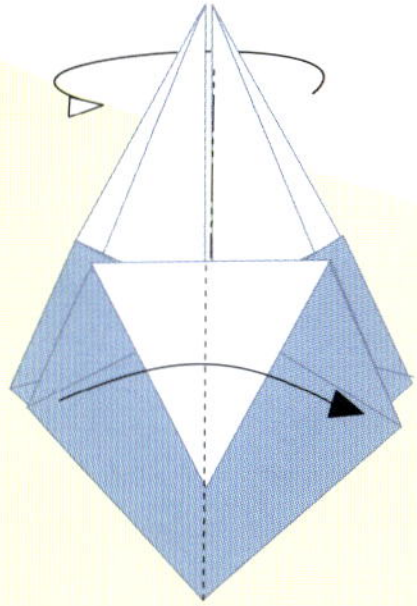

8 Oben: Klappe den linken Flügel nach rechts. Unten: Klappe den rechten Flügel nach links.

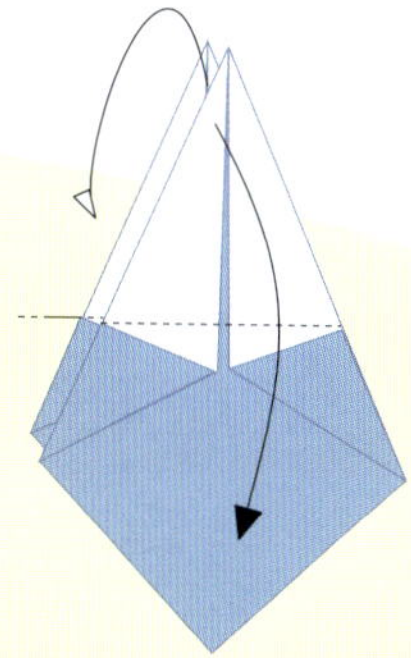

9 Wiederhole Schritt 7.

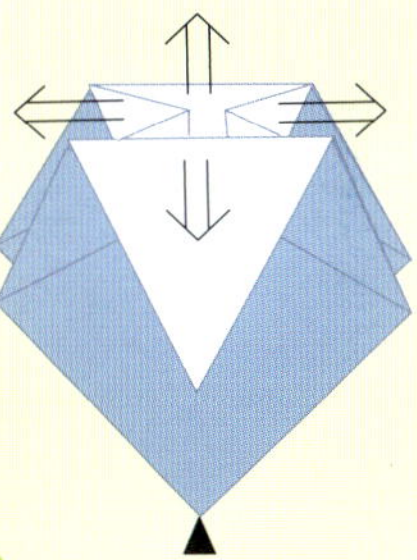

10 Ziehe die Ränder auseinander und drücke auf den Boden, bis die Schachtel aufklappt.

11 Deine hübsche Schachtel kannst du gleich benutzen.

Variante

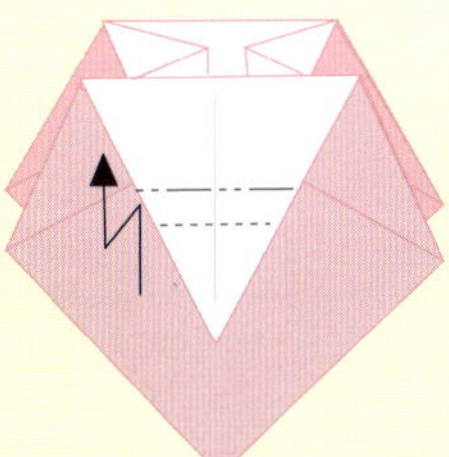

1 Es geht los mit Schritt 10. Mit einer Doppelfaltung klappst du die Spitze nach unten.

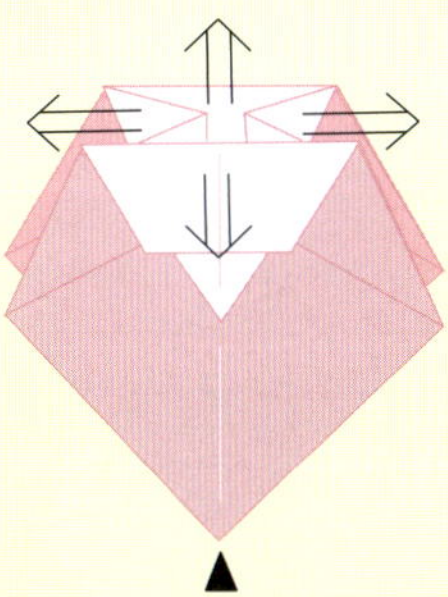

2 Wiederhole Schritt 1 mit den drei anderen Spitzen und ziehe dann die Schachtel auf.

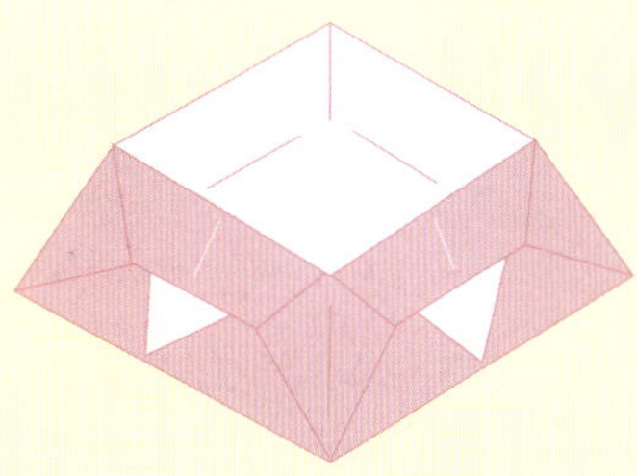

3 So sieht deine Schachtel aus.

Shuriken

Für den japanischen Wurfstern Shuriken brauchst du zwei verschiedenfarbige Blatt Papier.

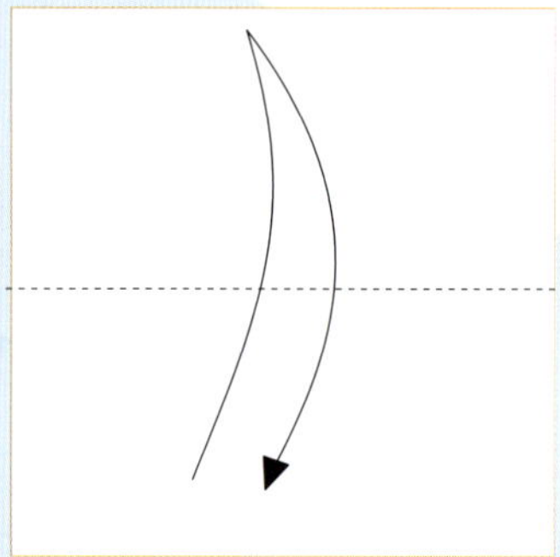

1 Falte die obere Hälfte mit einer Talfalte zur Mitte und öffne wieder.

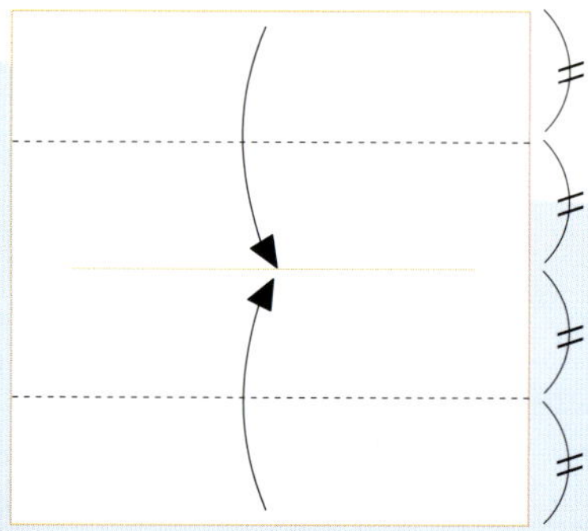

2 Beide Ränder faltest du mit Talfalten an die Mittellinie.

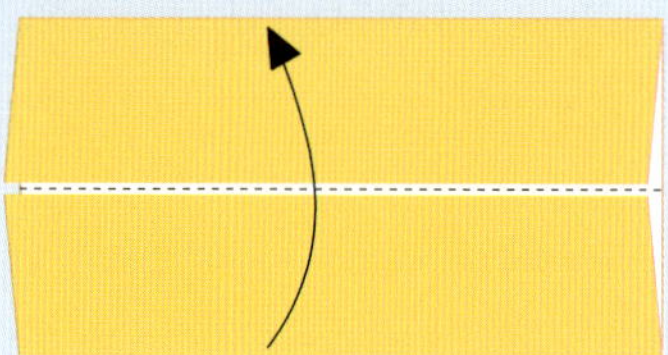

3 Falte die beiden Hälften mit einer Talfalte aufeinander. Wiederhole alle Schritte mit dem anderen Blatt.

4 Du führst Talfalten aus: Die linke Ecke faltest du nach unten und die rechte Ecke nach oben. Bei dem zweiten Blatt machst du es genau umgekehrt.

5 Talfalten.

6 So sieht das Ergebnis aus. Wende nur die linke Form. Lege beide Formen genau in der Mitte aufeinander.

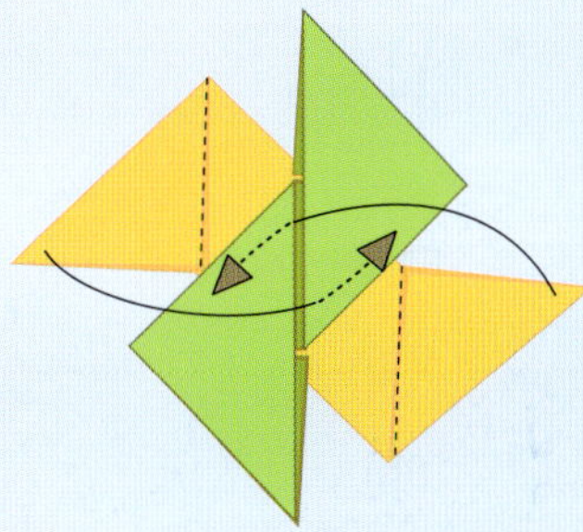

7 Genau so soll der Shuriken aussehen. Du steckst die Ecken der unteren Form mit Talfalten in die Taschen der oberen Form.

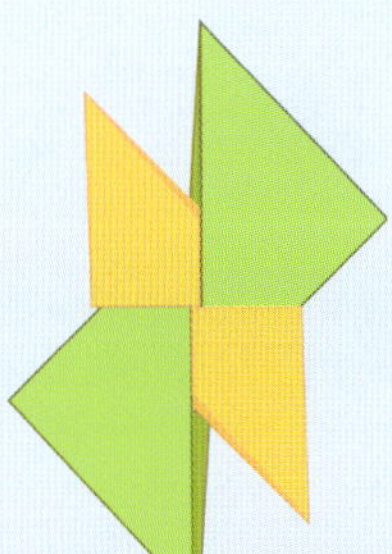

8 Die Form wenden.

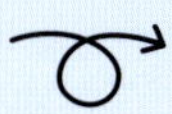

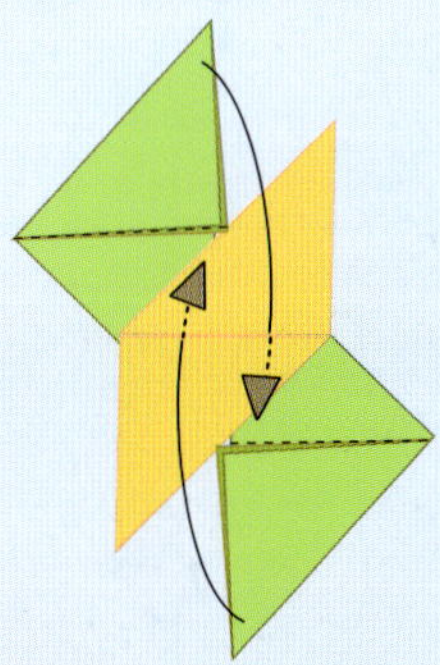

9 Wiederhole Schritt 7.

10 Das ist der Shuriken. Du kannst ihn werfen wie ein Frisbee.

Boot

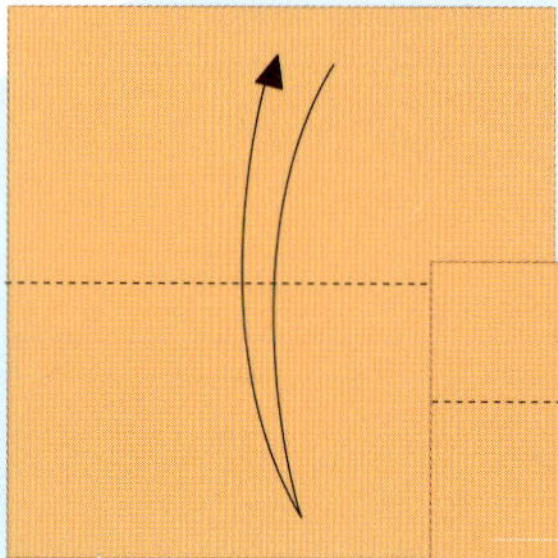

1 Führe zuerst eine Talfalte aus. Öffne wieder.

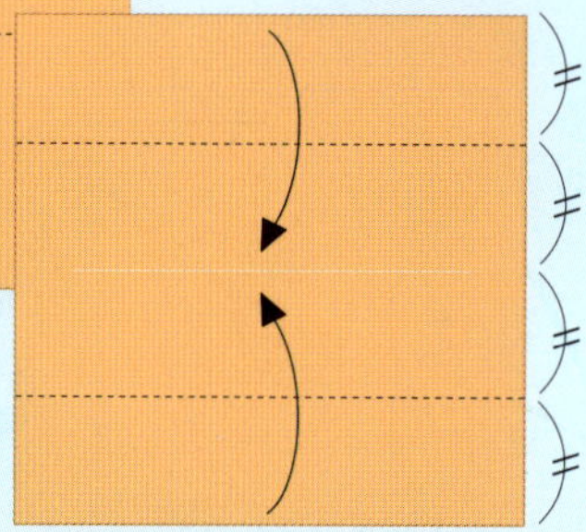

2 Beide Ränder faltest du mit Talfalten an die Mittellinie.

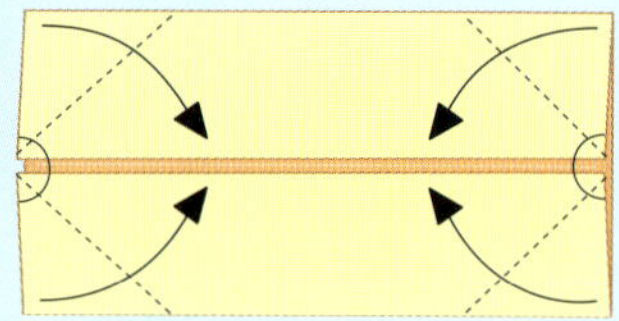

3 Falte die vier Ecken mit Talfalten an die Mittellinie …

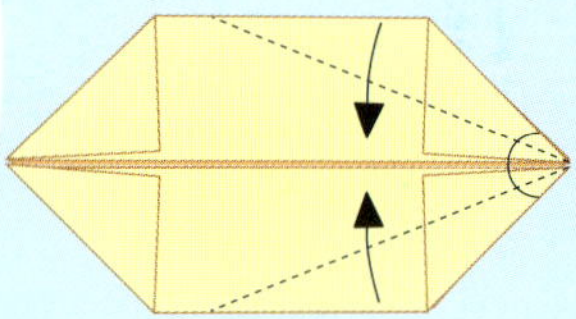

4 … und die Ränder mit Talfalten an die Mittellinie.

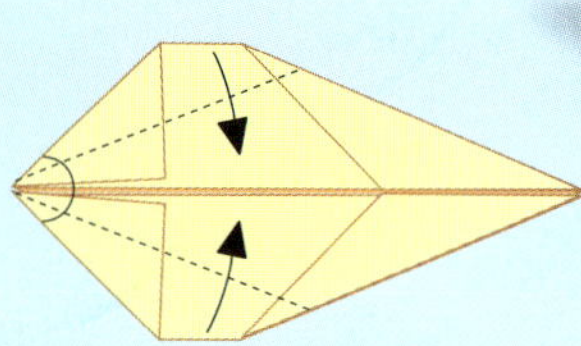

5 Wiederhole links Schritt 5.

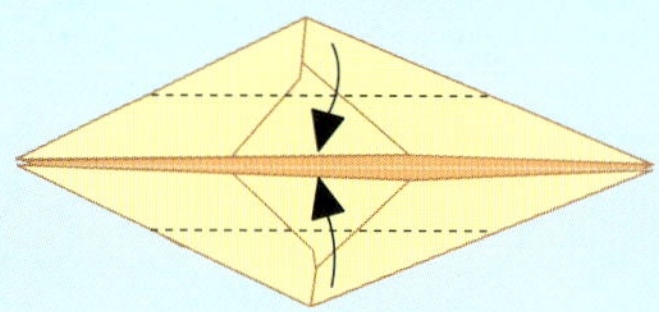

6 Du faltest beide Spitzen mit Talfalten an die Mittellinie.

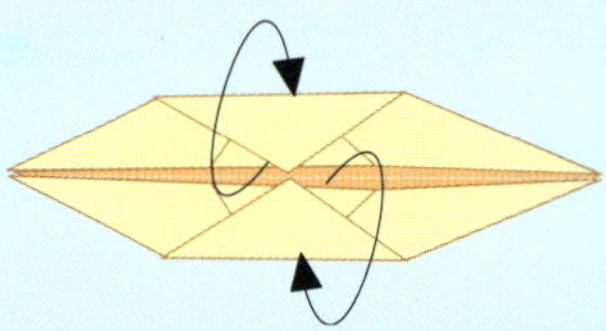

7 Nun schiebst du die Finger in die Form und stülpst sie um wie eine Socke.

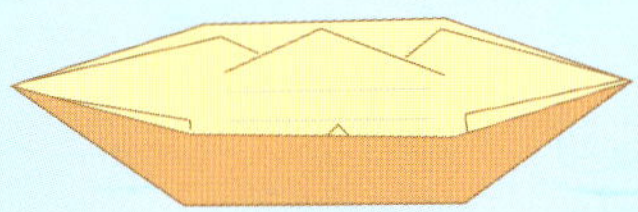

8 Fertig ist dein Boot!

Ball

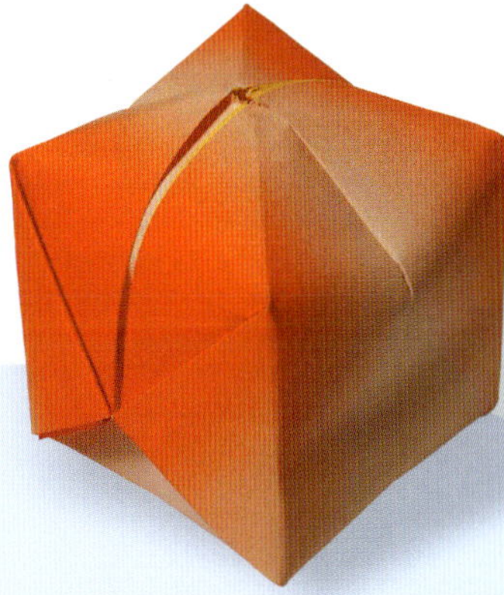

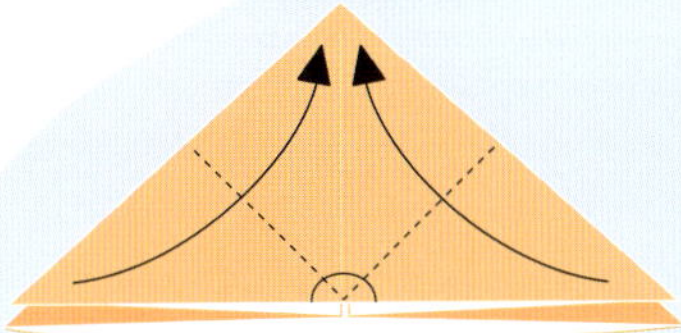

1 Los geht es mit dem Fliegerdreieck (siehe Seite 9). Falte die Spitzen mit Talfalten nach oben.

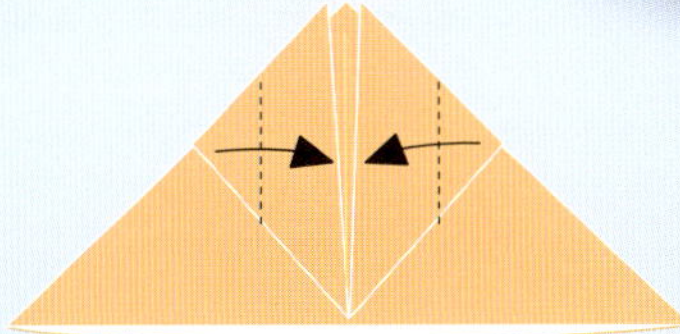

2 Falte Talfalten an die Mittellinie.

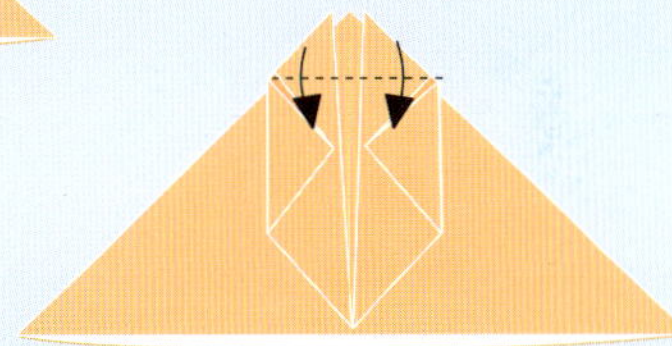

3 Du führst an den beiden kleinen Spitzen Talfalten aus.

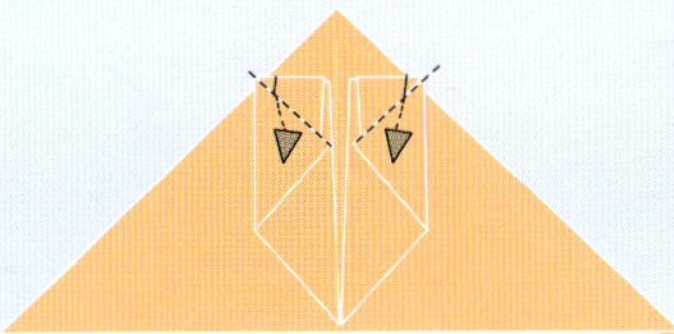

4 Mit Talfalten steckst du die beiden Spitzen in die Taschen.

5 Wende die Form.

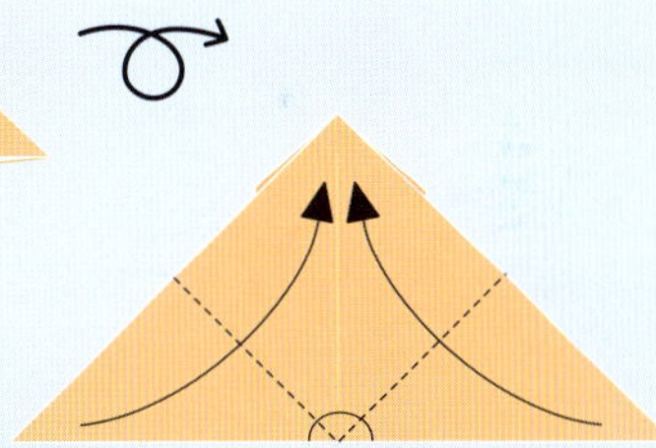

6 Die Schritte 1 bis 4 auf dieser Seite wiederholen.

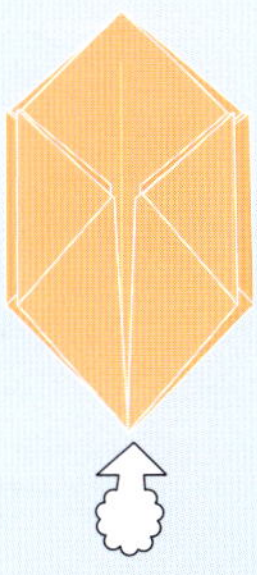

7 Nun pustest du in die Form und bläst sie auf.

8 Gefällt dir dein Ball?

Kusudama

Für ein Kusudama, eine japanische Dekorkugel, brauchst du sechs Blatt Papier in unterschiedlichen Farben.

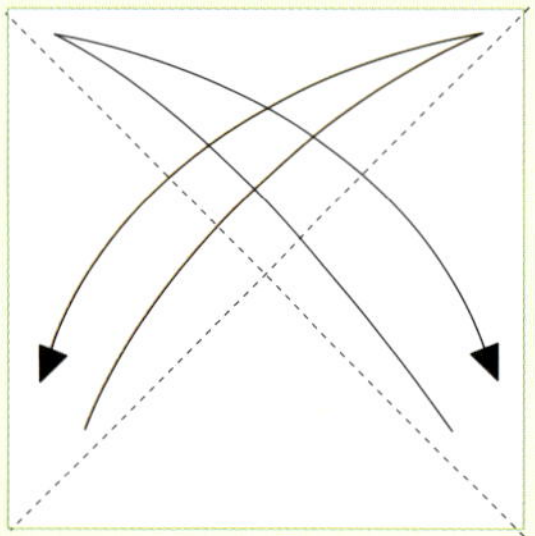

1 Du führst Talfalten aus und öffnest wieder.

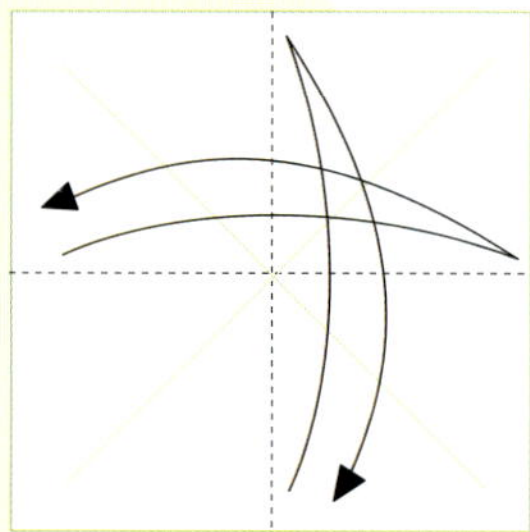

2 Falte Talfalten und öffne wieder. Wende die Form.

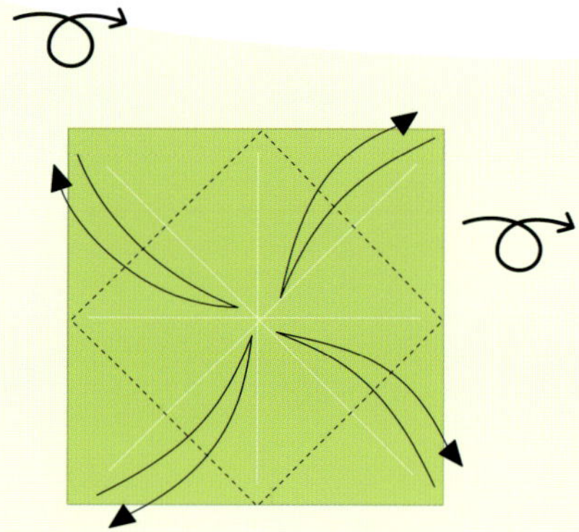

3 Ziehe die vier Ecken mit Talfalten in die Mitte. Öffne die Form wieder und wende sie.

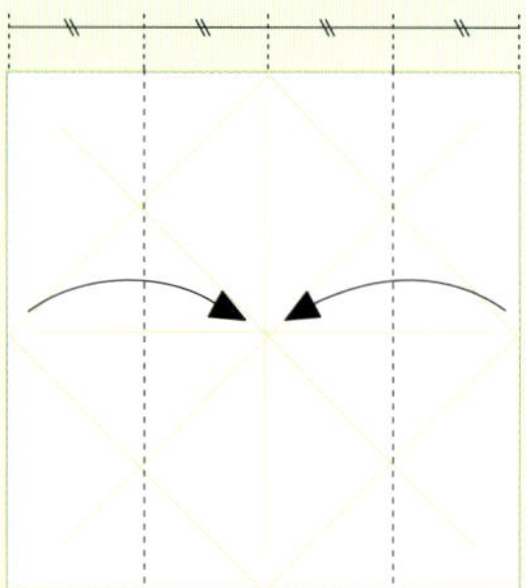

4 Die Ränder faltest du mit Talfalten an die Mittellinie.

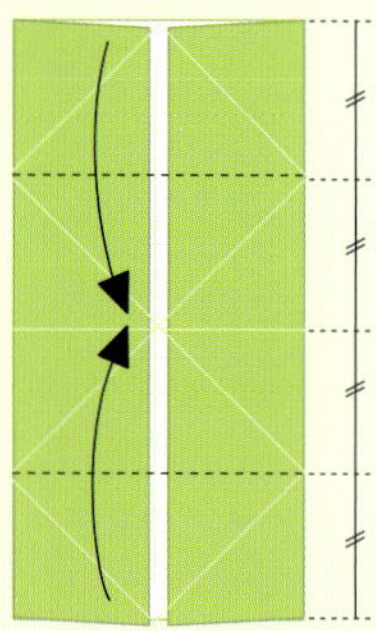

5 Falte die Ränder mit Talfalten erneut an die Mittellinie.

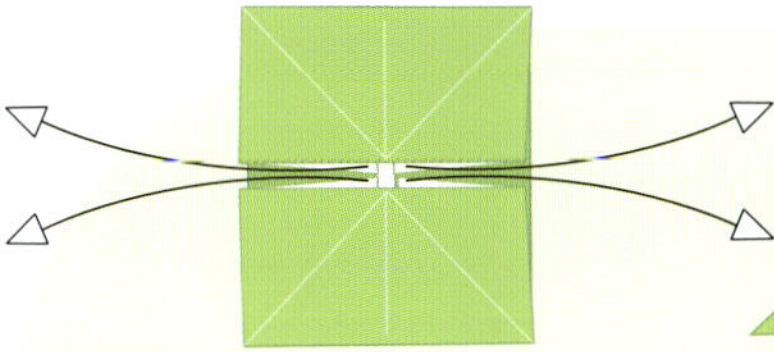

6 Ziehe die vier Innenspitzen nach außen.

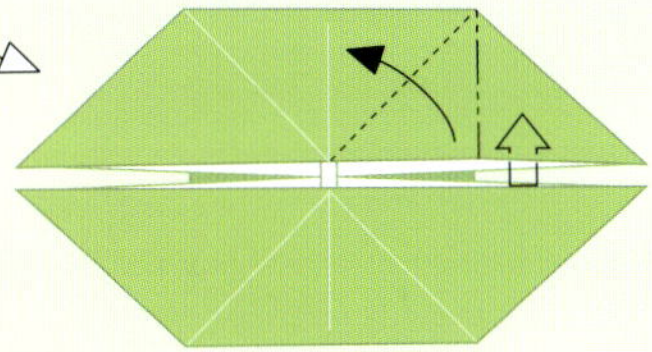

7 Ziehe die Tasche auf und glätte sie.

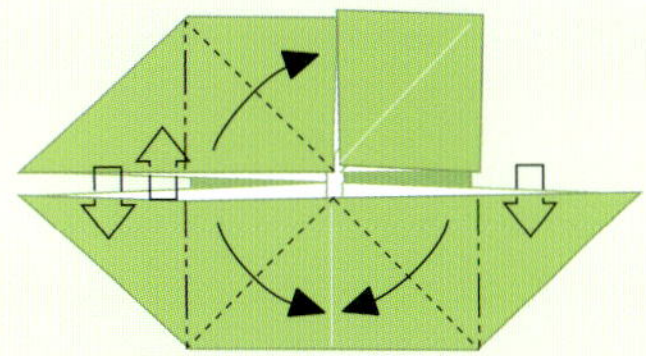

8 Wiederhole Schritt 7 oben, links und unten.

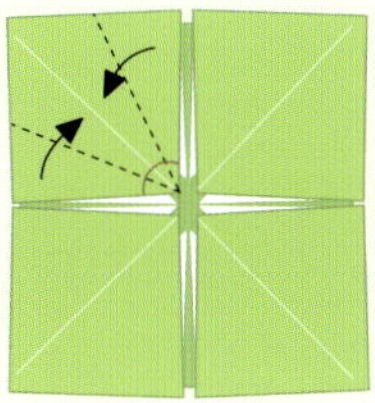

9 Talfalten.

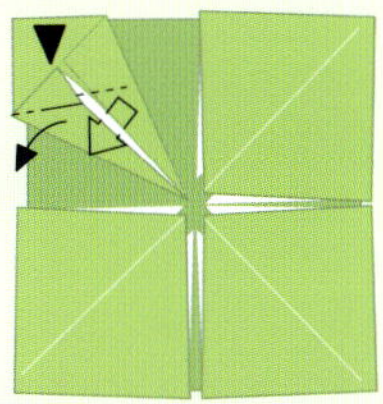

10 Klappe die kleine Spitze hoch, ziehe die Tasche auseinander und glätte sie.

11 Wiederhole Schritt 10 mit der kleinen Spitze daneben. Wiederhole die Schritte 9 und 10 mit den anderen Spitzen.

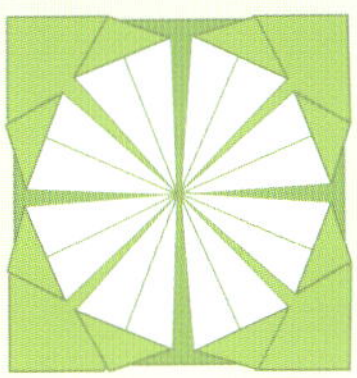

12 So sieht das Ergebnis aus.

13 Nun noch vier Bergfalten. Öffne wieder.

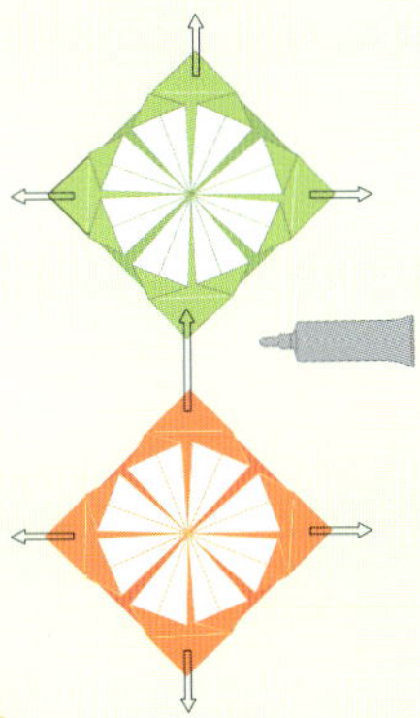

14 Du faltest auf diese Weise fünf weitere Blatt Papier und klebst sie mit etwas Klebstoff an den Rändern zu einer Kugel zusammen.

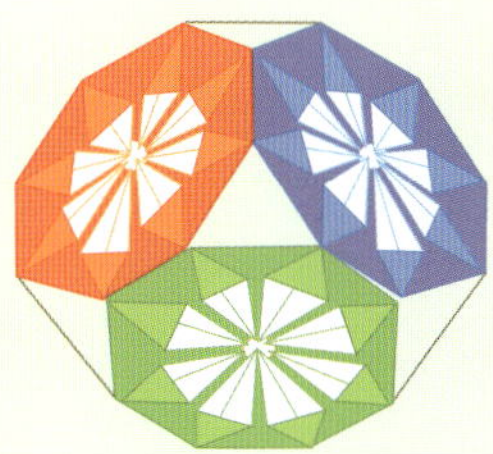

15 Fertig ist dein Kusudama.

Kreisel

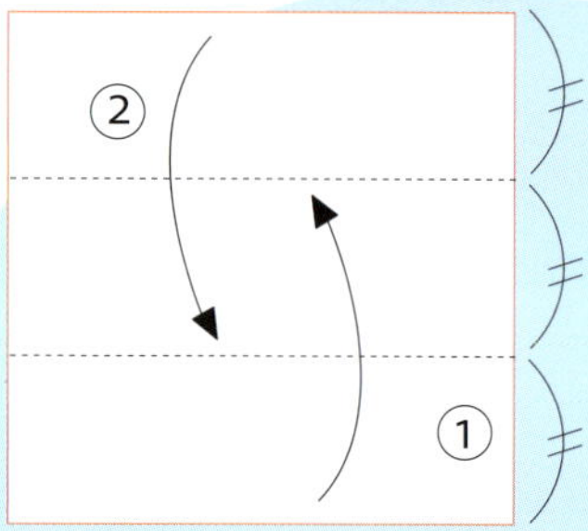

1 Zuerst unterteilst du das Blatt mit Talfalten in der angegebenen Reihenfolge in drei gleiche Teile.

2 Mit Talfalten faltest du die obere linke Ecke nach unten und die untere rechte Ecke nach oben. Falte auf dieselbe Weise ein zweites Blatt.

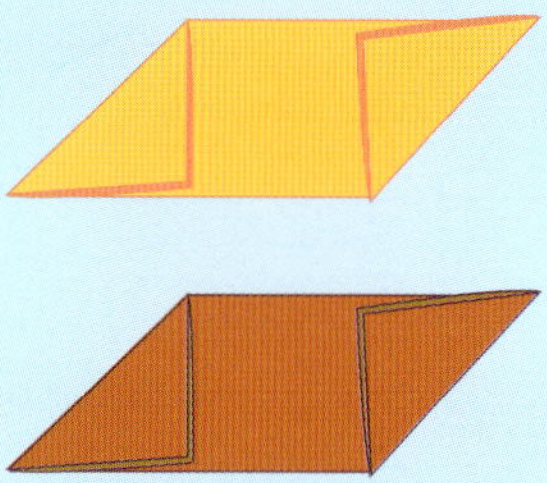

3 So sieht das Ergebnis aus.

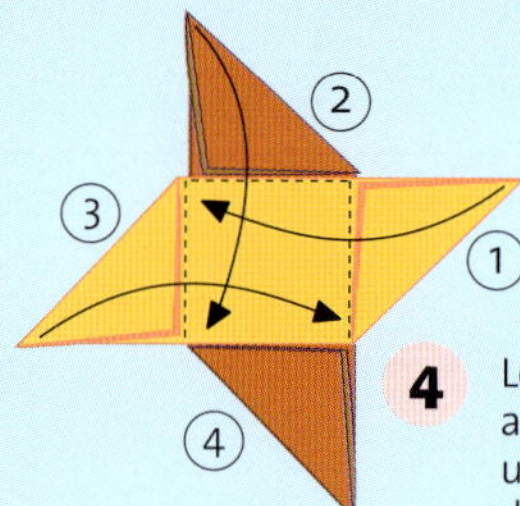

4 Lege beide Formen wie abgebildet aufeinander und führe die Talfalten in der angegebenen Reihenfolge aus.

5 Mit einer Talfalte steckst du die Spitze in die Tasche.

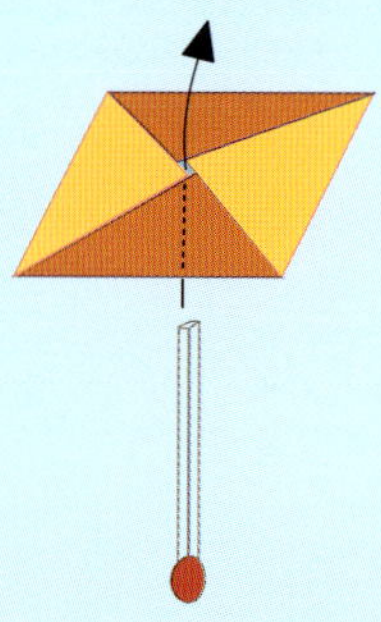

6 Bohre ein Loch in die Mitte. Schiebe ein Streichholz hinein.

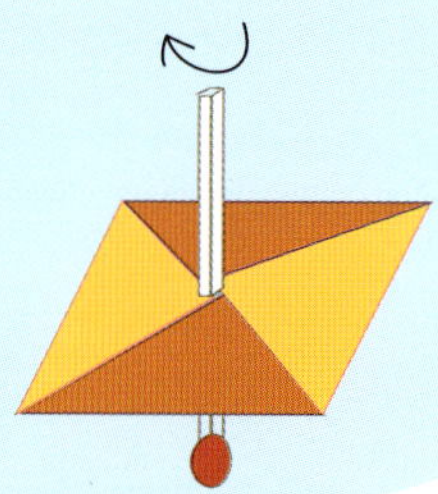

7 Probier deinen Kreisel aus!

Fukikoma

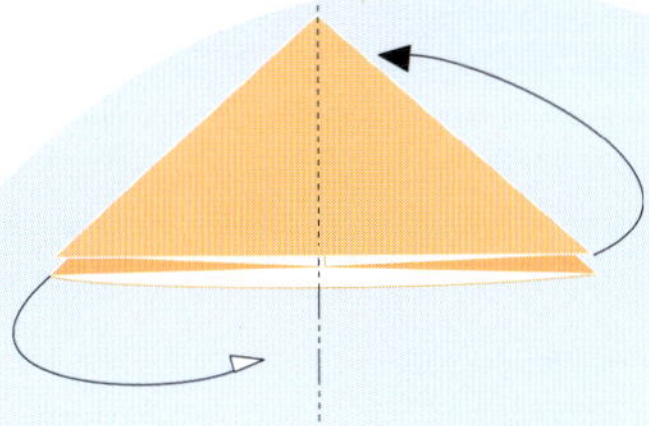

1 Zuerst faltest du sechs Fliegerdreiecke (siehe Seite 9) in verschiedenen Farben. Schiebe die Flügel auseinander ...

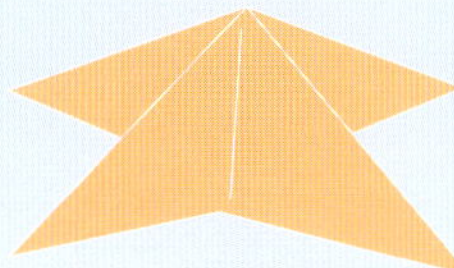

2 ... so wie hier abgebildet.

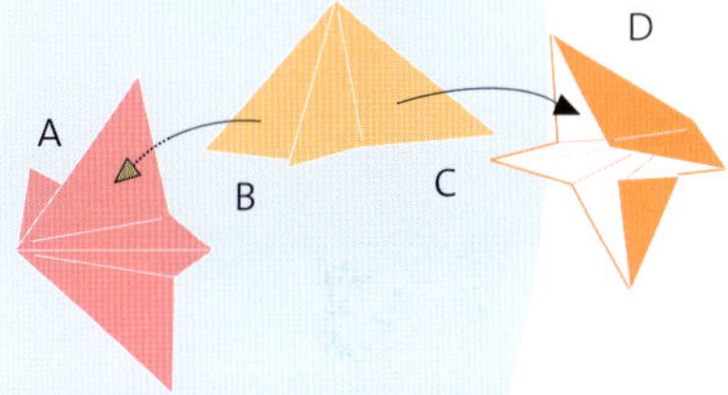

3 Du steckst die drei ersten Module ineinander: erst A in B, dann C in D ...

4 ... so soll es aussehen.

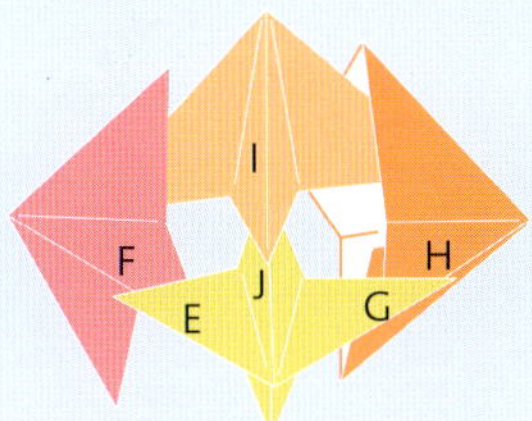

5 Du erhältst ein viertes Modul, indem du gleichzeitig E in F, G in H und I in J steckst. Setze hinten ein fünftes Modul an.

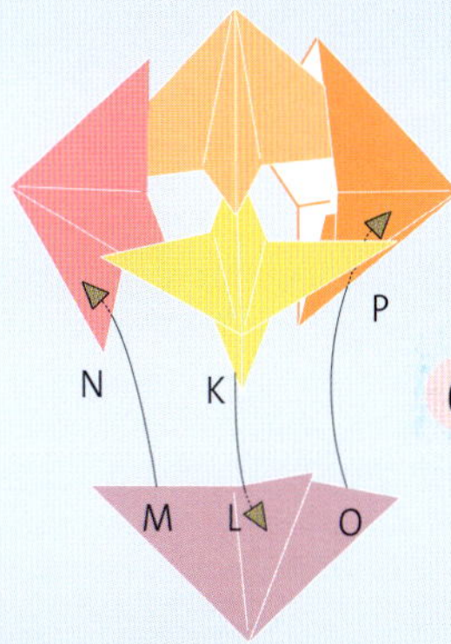

6 Füge das letzte Modul hinzu, indem du gleichzeitig K in L, M in N und O in P steckst.

7 Sieht dein Modell so aus?

8 Du kannst aus mehreren Fukikomas mit Nadel und Faden eine tolle Girlande machen.

Auto

Das Auto besteht aus vier Teilen:
Teil 1, Teil 2, Teil 3 und zweimal Teil 4.
Du steckst sie einfach ineinander.

Teil 1

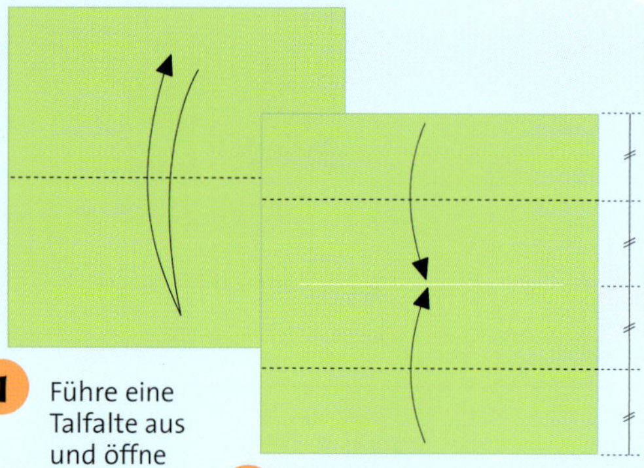

1 Führe eine Talfalte aus und öffne wieder.

2 Falte Talfalten an die Mittellinie.

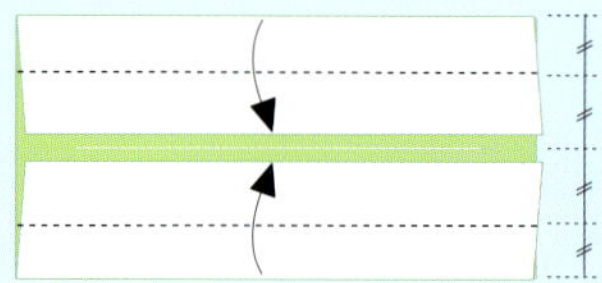

3 Falte Talfalten an die Mittellinie.

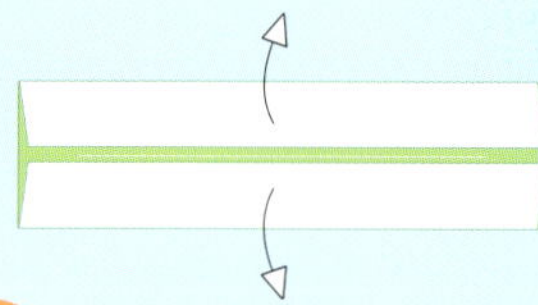

4 Die gesamte Form wieder öffnen.

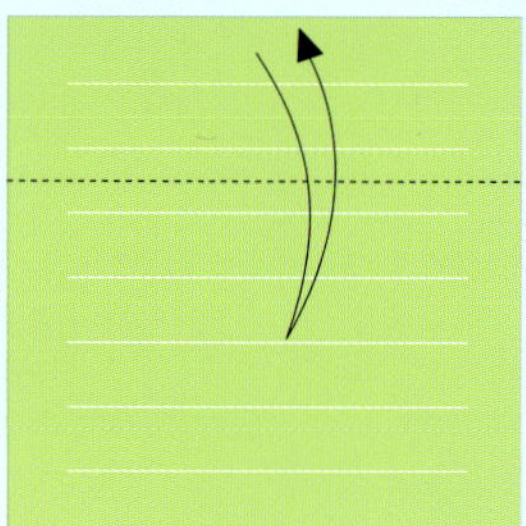

5 Eine Talfalte. Öffne wieder.

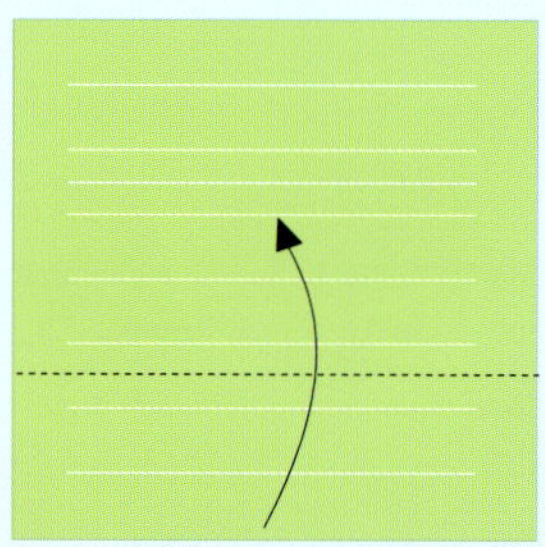

6 Eine Talfalte.

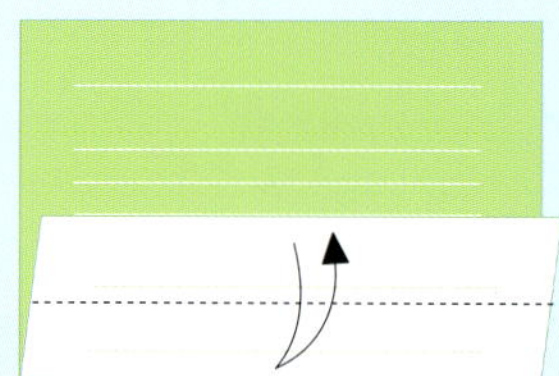

7 Du führst eine Talfalte aus und öffnest wieder.

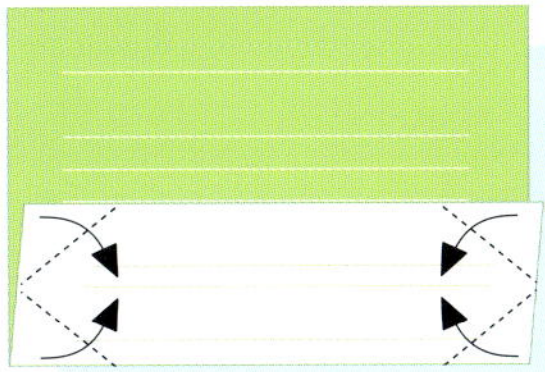

8 Falte die vier Ecken mit Talfalten.

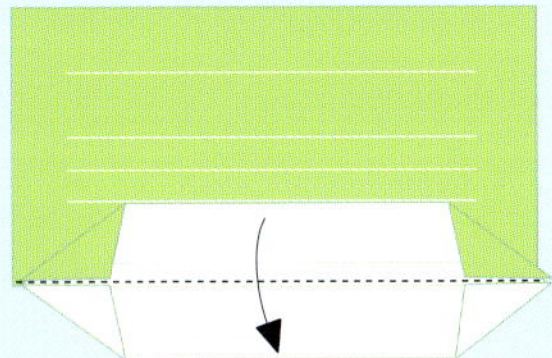

9 Eine Talfalte.

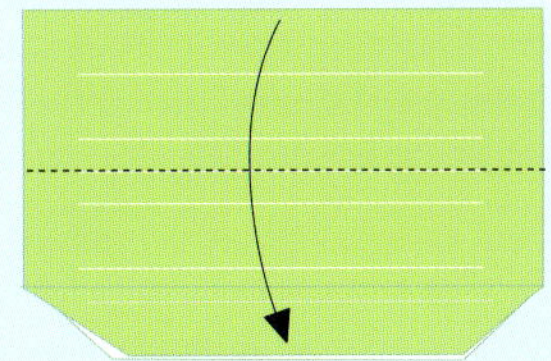

10 Wiederhole oben die Schritte 6 bis 9.

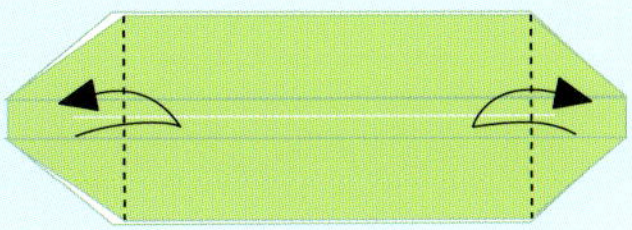

11 Du führst zwei Talfalten aus und öffnest wieder.

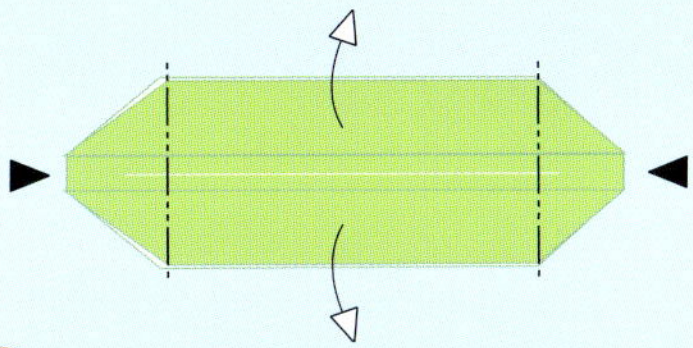

12 Nun ziehst du die Ränder auseinander und drückst gleichzeitig auf die Seiten, sodass sich eine Schachtel öffnet.

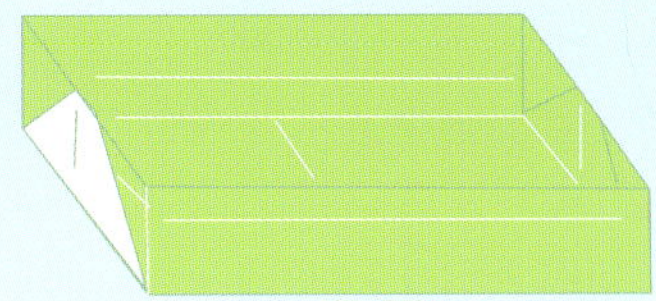

13 So sieht das fertige Teil 1 aus.

Teil 2

1 Du nimmst ein dunkelgrünes Blatt. Es geht los mit Schritt 4 von Teil 1.

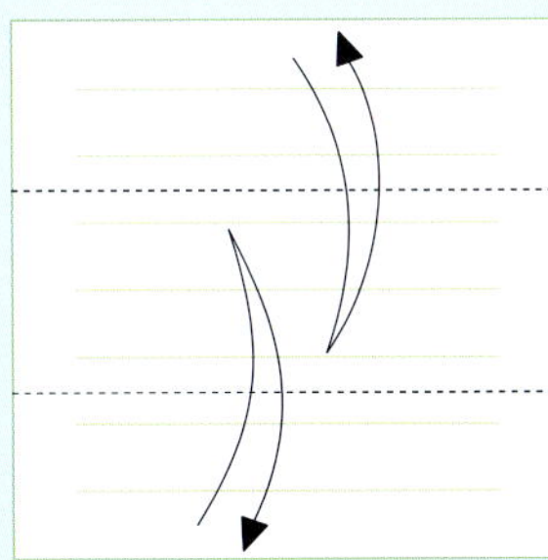

2 Führe zwei Talfalten aus und öffne wieder.

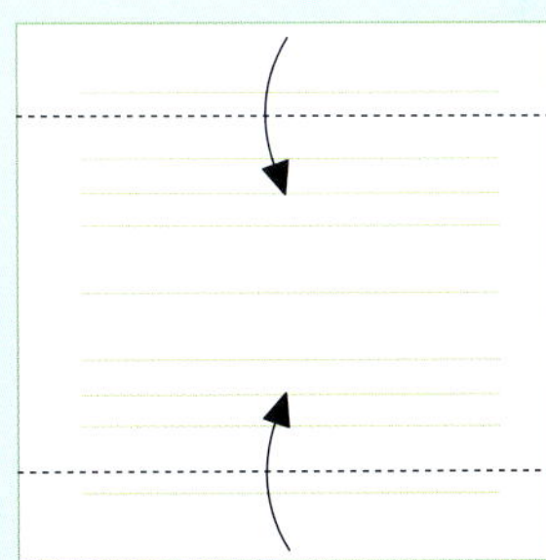

3 Du faltest die Ränder mit Talfalten an den entstandenen Falzen.

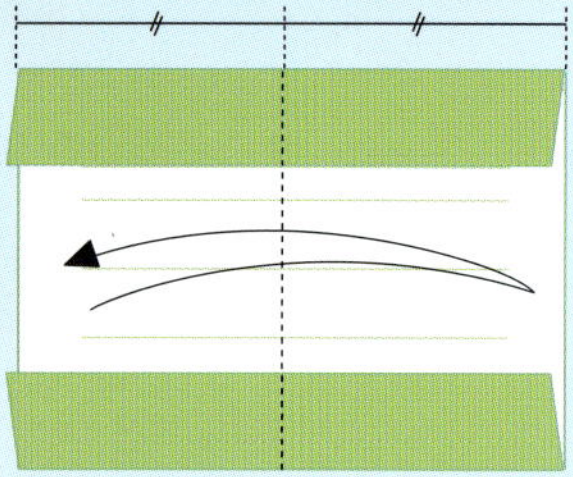

4 Führe eine Talfalte aus und öffne wieder.

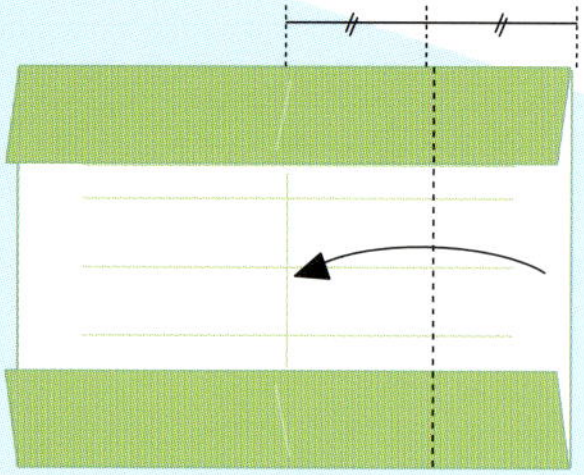

5 Eine Talfalte.

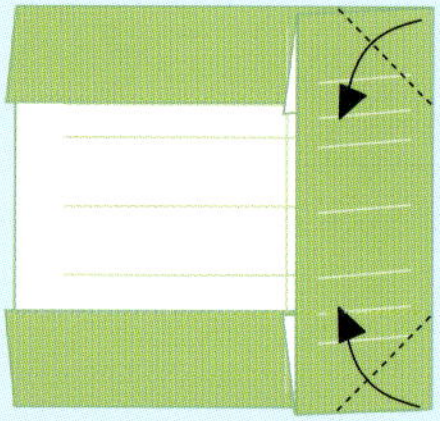

6 Du faltest beide Ecken mit Talfalten.

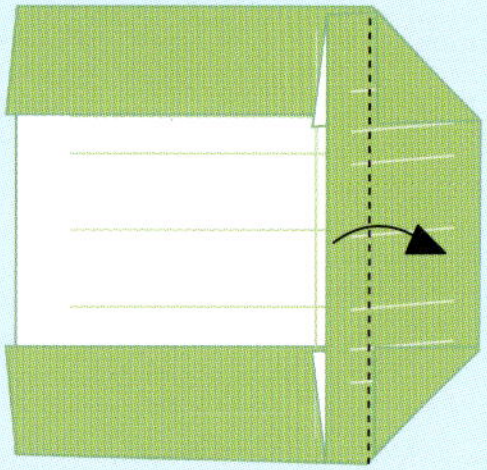

7 Eine Talfalte.

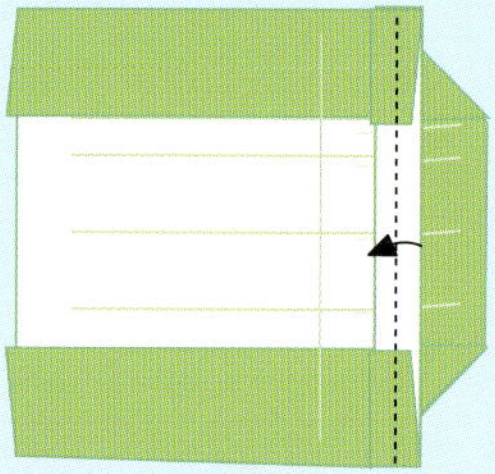

8 Du faltest den Rand mit einer Talfalte.

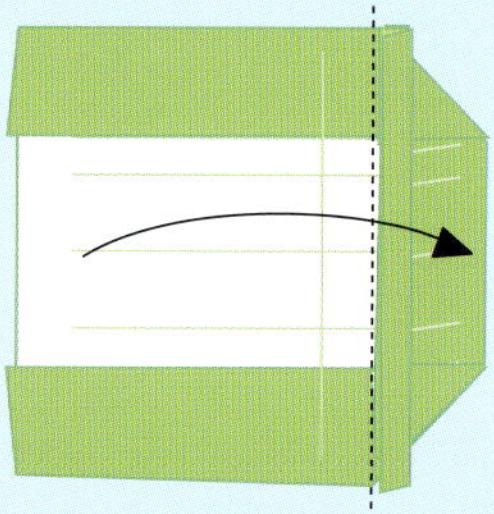

9 Eine Talfalte.

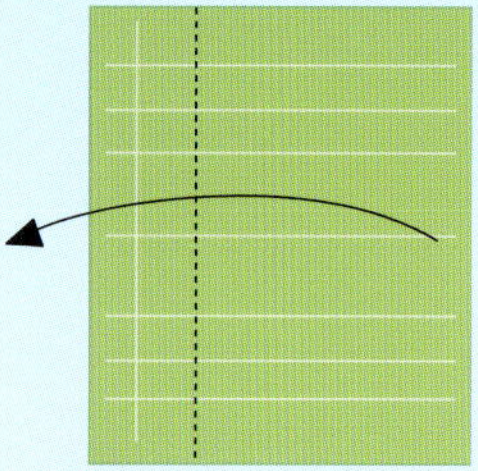

10 Führe eine weitere Talfalte aus.

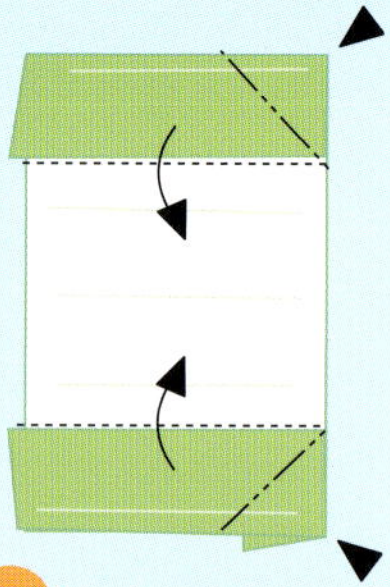

11 Du faltest und drückst gleichzeitig in Richtung Mitte.

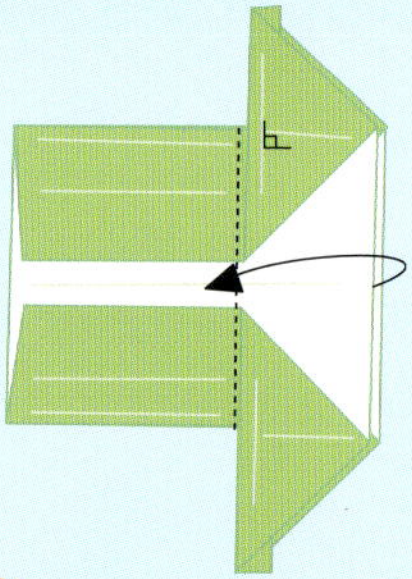

12 Klappe nur die erste Lage in die Höhe.

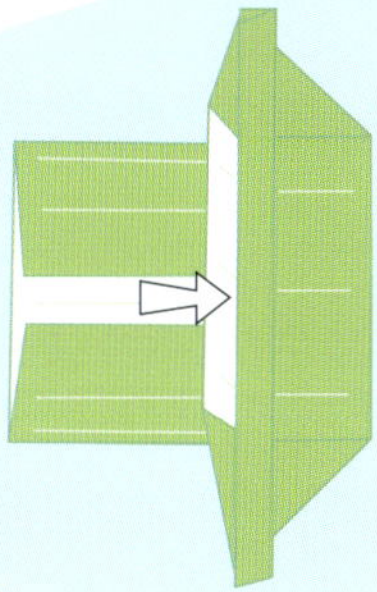

13 Öffne, danach …

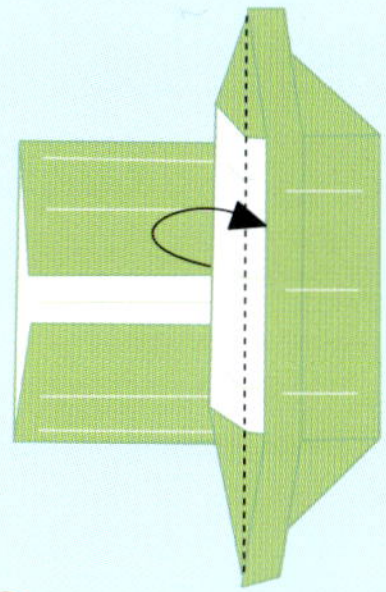

14 … steckst du den Rand in die Tasche.

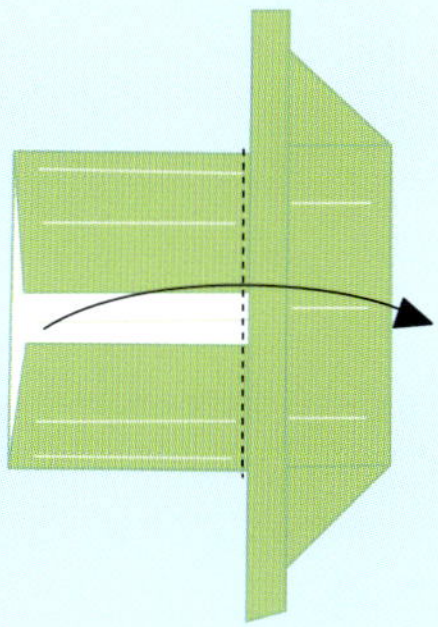

15 Führe eine Talfalte aus.

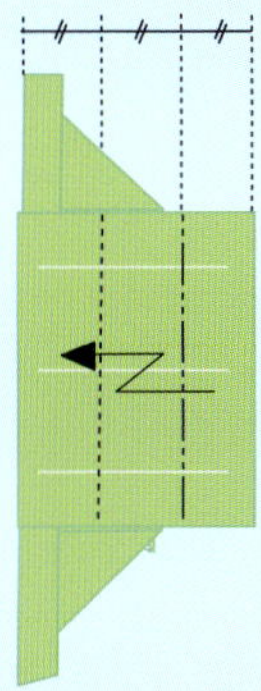

16 Eine Doppelfaltung.

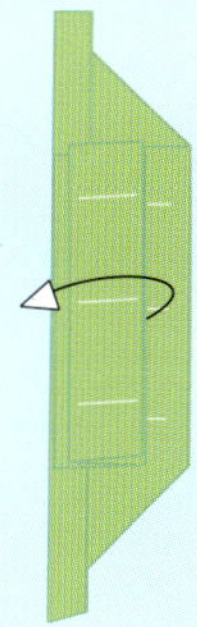

17 Die Faltung wieder öffnen.

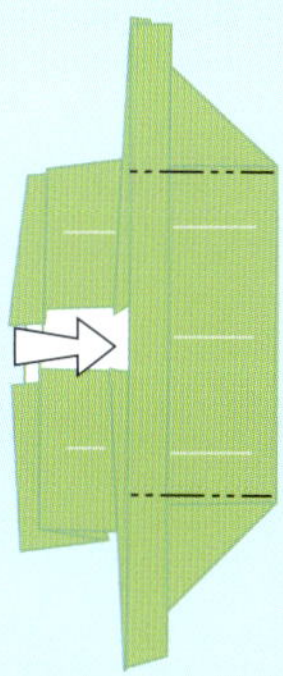

18 Du ziehst die Form auseinander.

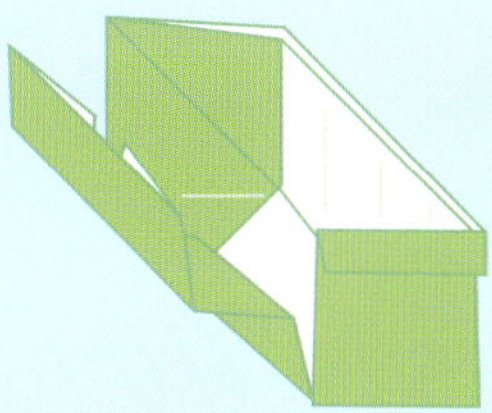

19 Wende sie.

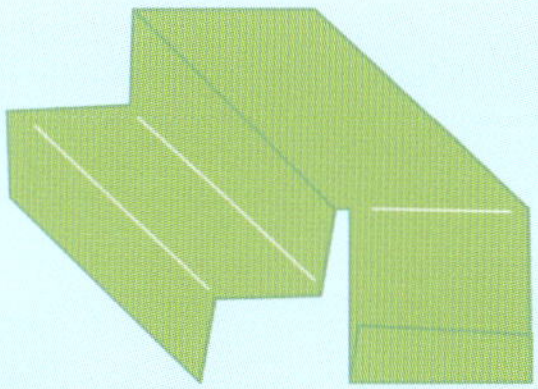

20 Dies ist Teil 2.

Teil 3

1 Es geht los mit Schritt 9 von Teil 2.

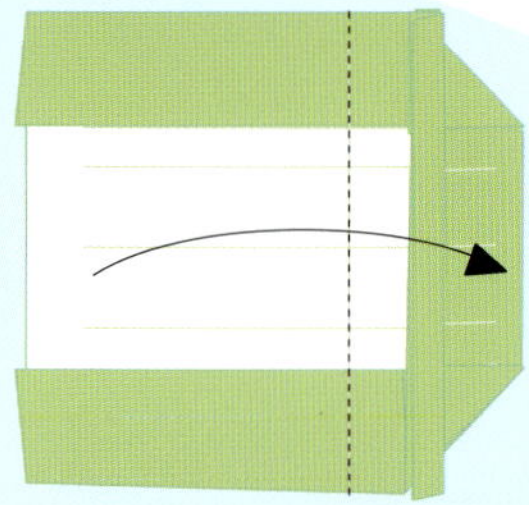

2 Es folgt eine Talfalte.

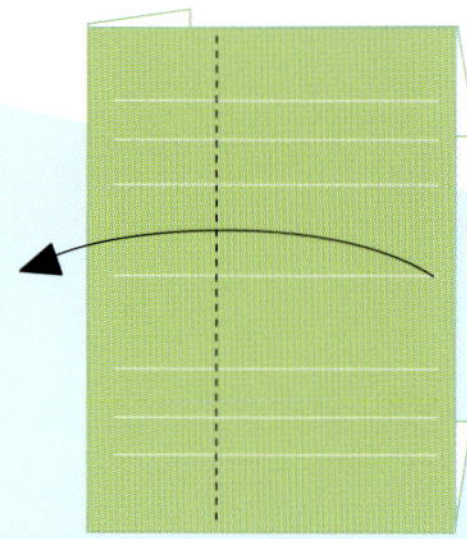

3 Eine Talfalte.

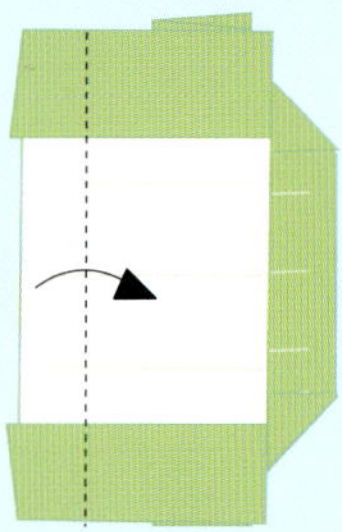

4 Eine weitere Talfalte.

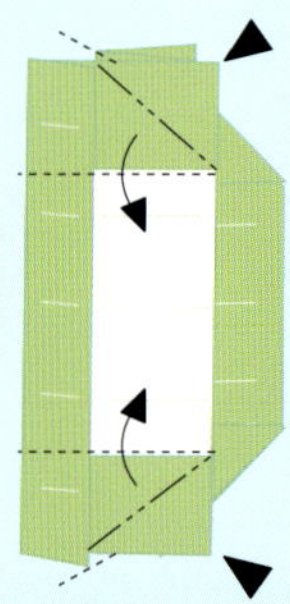

5 Falte und drücke in Richtung Mitte.

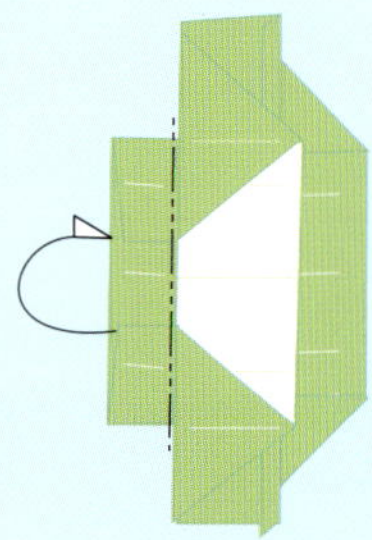

6 Führe eine Bergfalte aus.

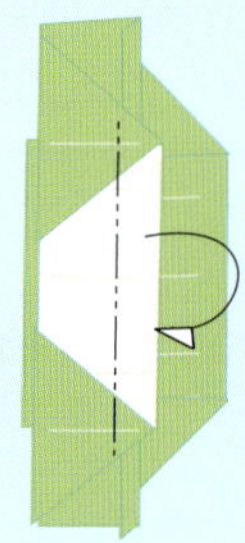

7 Eine Bergfalte.

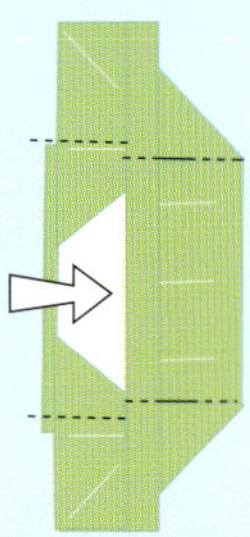

8 Du ziehst die Form auseinander.

9 Die Form wenden.

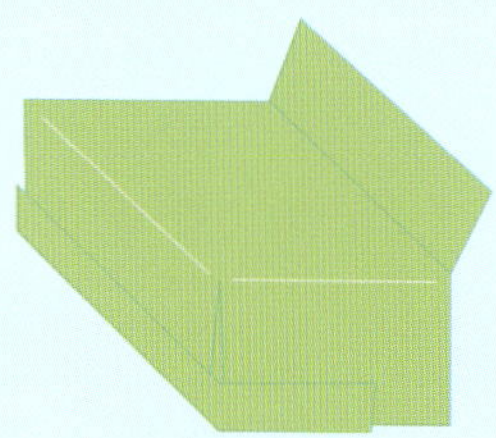

10 Das ist Teil 3.

Teil 4

1 Nimm ein schwarzes Blatt und beginne mit Schritt 4 von Teil 1.

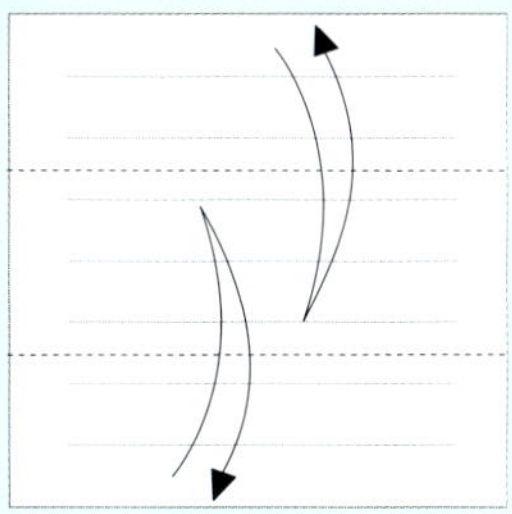

2 Du führst zwei Talfalten aus und öffnest wieder.

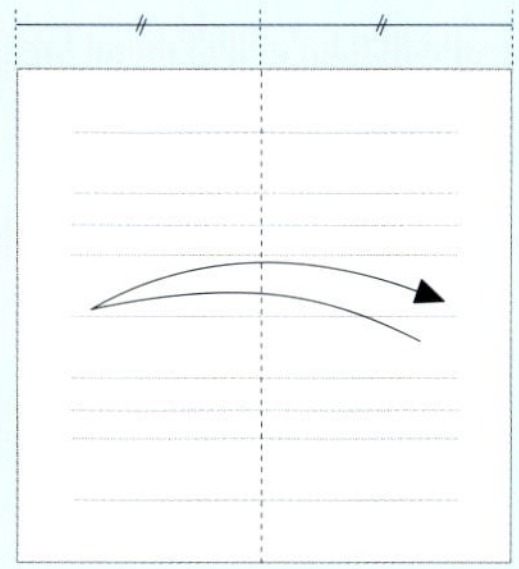

3 Falte eine Talfalte und öffne wieder.

4 Schneide den linken Teil ab. Behalte den rechten.

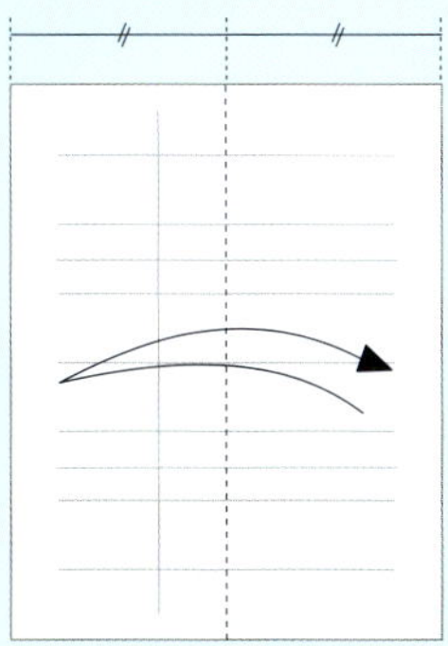

5 Führe eine Talfalte aus und öffne wieder.

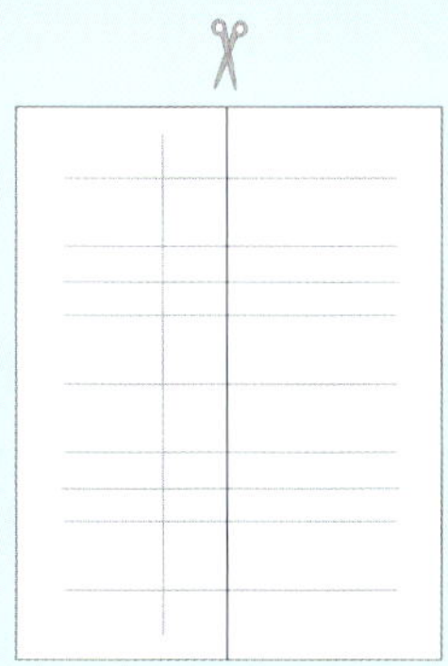

6 Schneide den linken Teil ab. Behalte den rechten.

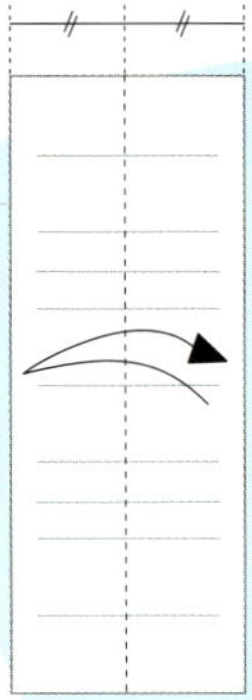

7 Du führst eine Talfalte aus und öffnest wieder.

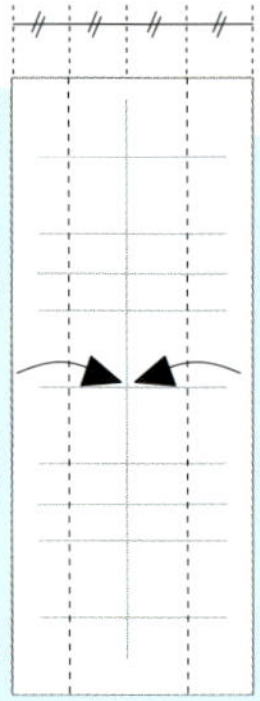

8 Falte zwei Talfalten.

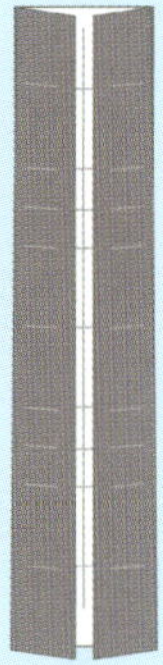

9 Die Form wenden.

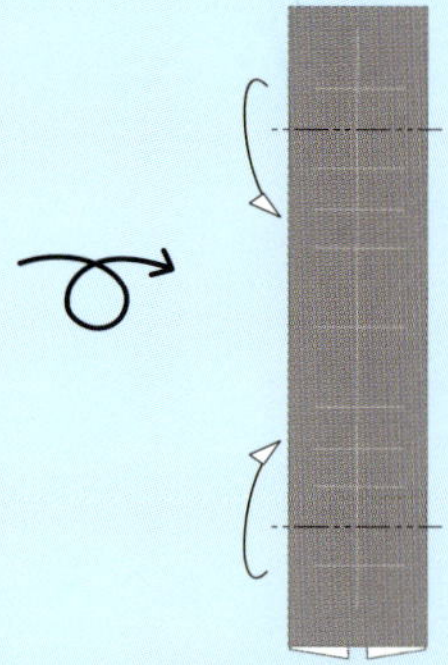

10 Eine Bergfalte.

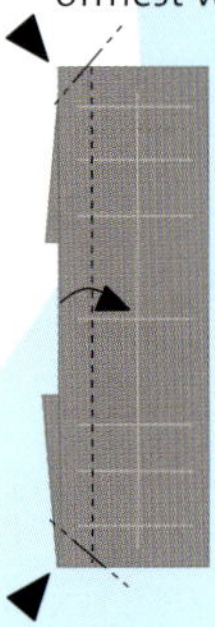

11 Falte und drücke in Richtung Mitte.

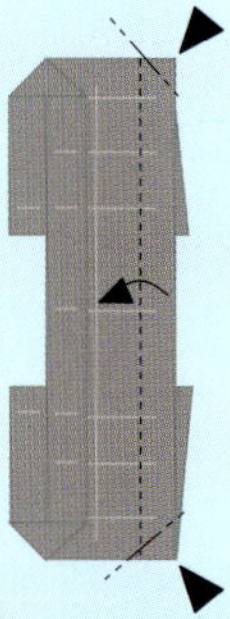

12 Wiederhole das Ganze rechts.

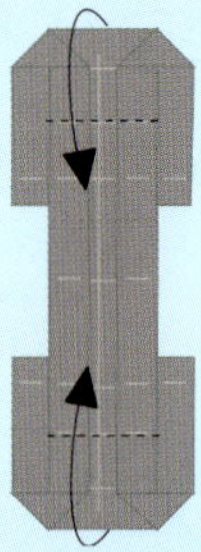

13 Du faltest in rechtem Winkel.

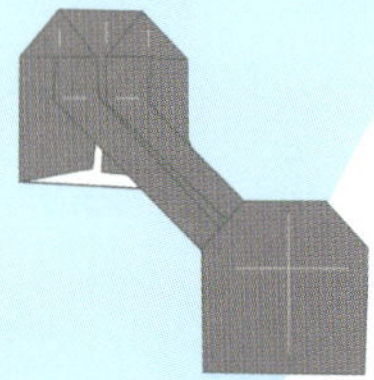

14 So sieht Teil 4 aus. Falte ein zweites Blatt auf dieselbe Weise.

Zusammenstecken

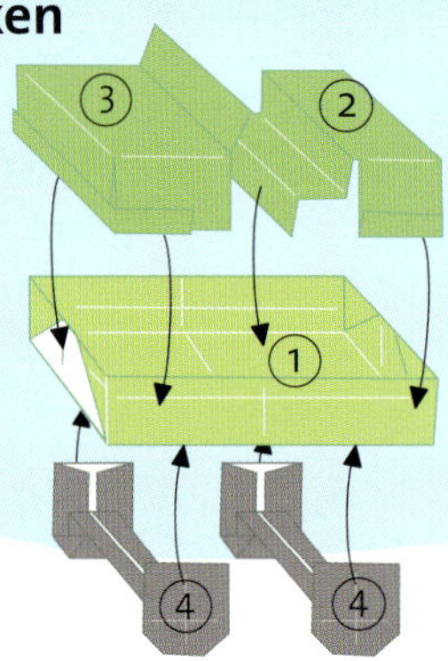

Setze die Teile wie dargestellt zusammen. Das ist ein tolles Auto!

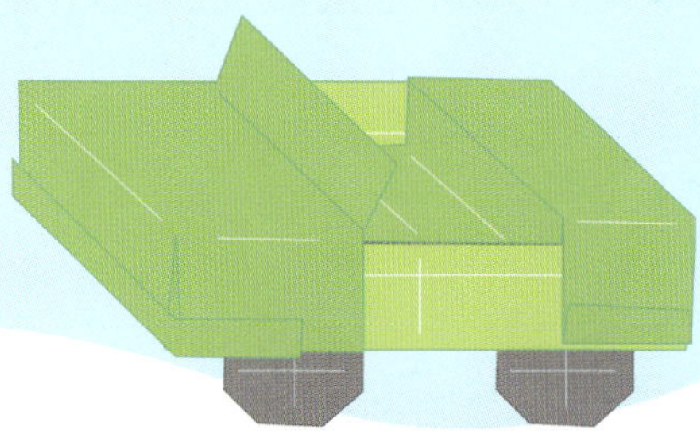